Lucyane Crosara

Receitas funcionais para o seu dia a dia

Alimento, Movimento & Alma

EDITORA ALAUDE

Rio de Janeiro, 2024

Receitas funcionais para o seu dia a dia

ISBN: 978-85-7881-788-6

Impresso no Brasil – 1ª Edição, 2024 – Edição revisada conforme o Acordo Ortográfico da Língua Portuguesa de 2009.

Dados Internacionais de Catalogação na Publicação (CIP)
(Câmara Brasileira do Livro, SP, Brasil)

Crosara, Lucyane
Receitas funcionais para o seu dia a dia / Lucyane Crosara. -- Rio de Janeiro : Alaúde Editorial, 2024. -- (Alimento, movimento & alma ; 1)

ISBN 978-85-7881-788-6

1. Alimentos funcionais 2. Nutrição - Aspectos da saúde 3. Produtos naturais 4. Receitas (Culinária) I. Título. II. Série.

24-197648 CDD-613.2

Índices para catálogo sistemático:

1. Alimentação e saúde : Gastronomia funcional : Nutrição aplicada 613.2

Tábata Alves da Silva - Bibliotecária - CRB-8/9253

Produção Editorial: Grupo Editorial Alta Books
Diretor Editorial: Anderson Vieira
Editor da Obra: Ibraíma Tavares
Vendas Governamentais: Cristiane Mutüs
Gerência Comercial: Claudio Lima
Gerência Marketing: Andréa Guatiello

Produtora Editorial: Gabriela Paiva
Revisão: Alessandro Thomé e Kamilla Wozniack
Diagramação: Aurélio Correa e Cesar Godoy
Capa: Lorranh Cândido
Equipe editorial SESI-SP: Paulo Skaf (Presidente)
Walter Vicioni Gonçalves
Débora Cypriano Botelho
Neusa Mariani

ALTA BOOKS
GRUPO EDITORIAL

Rua Viúva Cláudio, 291 – Bairro Industrial do Jacaré
CEP: 20.970-031 – Rio de Janeiro (RJ)
Tels.: (21) 3278-8069 / 3278-8419
www.altabooks.com.br – altabooks@altabooks.com.br
Ouvidoria: ouvidoria@altabooks.com.br

Editora **afiliada à:**

Dedico este livro

aos meus filhos, Caio Augusto e Tassio Alexandre, fontes de inspiração e alegria. Dedico principalmente ao meu marido e amigo, Luiz Alexandre, por acreditar e tornar este sonho possível.

Este livro está em suas mãos, prontinho para ser apreciado, por alguns motivos essenciais.

Alimento, Movimento & Alma é um projeto que demonstra o real significado de uma alimentação nutritiva e funcional, com receitas desenvolvidas com base em um profundo conhecimento sobre a funcionalidade dos alimentos no organismo e seus impactos na trindade *corpo*, *mente* e *espírito*.

Mostramos um novo olhar sobre opções de refeições nutritivas que não contenham substâncias inflamatórias e toxinas desencadeantes de doenças crônico-degenerativas e de sobrepeso. Para isso, apresentamos um programa alimentar que evita a utilização de produtos industrializados. Contém muito pouco derivado de leite de vaca, sal e nenhuma fritura. Utiliza, ainda, uma variedade de alimentos, como vegetais, frutas, grãos, sementes, ervas, farinhas integrais (com preferência para as isentas de glúten), além de leites vegetais e doces sem açúcar refinado.

Pratos naturais , extremamente saborosos e fáceis de fazer! Sim, é possível!

Comida saudável não tem de ser insossa nem precisa ser baseada na contagem de cada caloria ingerida. E não é necessário que seja restritiva ou punitiva, deve acontecer naturalmente e com consciência. Ela tem de despertar o desejo de ser degustada, e basta fazer as combinações adequadas e saborosas para apreciá-la sem culpa. Tenho o mesmo prazer em comer uma moqueca baiana ou um curry vegetariano, um queijo brie derretido com mel ou um tofu grelhado com gengibre. O que importa é a qualidade do alimento, como foi preparado e a ocasião; sempre respeitando o que meu corpo pede e pode em determinado momento — como os dias em que "fico vegetariana" para acelerar o processo de detox. Por ser uma nutricionista funcional, uso todo meu conhecimento para comer corretamente, na hora certa e com prazer. É lógico que tenho meus alimentos "de alma". Sabe aqueles que nos deixam muito, muito felizes e alimentam nossa alma? Acredito que todos tenham algum assim. É saudável, acreditem! Sempre que penso na criação de uma receita ou na elaboração de um plano alimentar para meu paciente, levo em consideração a saciedade e o sabor dos alimentos.

Nada de radicalismos e modismos ao realizar uma alimentação funcional.

É necessário entender que a alimentação é algo muito particular. Cada pessoa deve ser observada de acordo com a individualidade, pois muitos alimentos inflamatórios e/ou de difícil absorção (como o glúten, o leite de vaca e seus derivados) podem causar intolerância e sensibilidade ao organismo, principalmente se ingeridos em excesso e de modo crônico. Como consequência, o corpo reage, apresentando aumento e/ou dificuldade de perda de peso, alergias e infecções recorrentes. Sintomas como enxaqueca, problemas gastrointestinais, entre muitos outros, também podem ser consequências da ingestão de alimentos específicos. Portanto, muitas vezes, é necessário fazer restrições alimentares, como eliminar do cardápio o glúten, o leite e seus derivados ou outros alimentos que possam interferir no equilíbrio do organismo.

Também é válido lembrar que o paladar, assim como nossos músculos, pode ser treinado pela persistência e pelo exercício. É a mais pura verdade! Quer algo melhor do que passar a gostar e ter prazer em degustar alimentos saudáveis? É como gostar de quem gosta da gente! Flui e só traz alegria.

Quanto mais aprofundo meus estudos sobre alimentação saudável, mais acredito no caminho do meio, do equilíbrio, do natural, da comida de verdade.

A nutrição funcional sob esses preceitos tem sido um bom caminho para mim e para meus pacientes. Espero que após ler nossas orientações e receitas ao longo deste livro, seja também para você e sua família.

A realização deste projeto só foi possível quando encontrei parceiros que se comprometeram e me ajudaram a transformar todo o conceito de alimentação ideal em algo real.
Minha grande parceira é a *chef* Ana Vitória, responsável pela elaboração final dos pratos deste livro. Pesquiso e elaboro o que quero e passo para ela, que executa do jeitinho que eu havia imaginado, mas de modo aprimorado.

> *"O que vale na vida não é o ponto de partida e, sim, a caminhada. Caminhando e semeando, no fim terás o que colher."*
> Cora Coralina

"Minha doce Ana humildade que encanta das suas mãos a doce profissão."

Cora Coralina

Ana Vitória

Apaixonada pela cozinha, conduz a execução dos pratos com arte e criatividade. Nossa história de parceria começou em meu consultório, ela como minha paciente. Primeiro, iniciamos cursos para funcionários nas casas dos pacientes. Em seguida, elaboramos uma programação de cursos para grupos, com diferentes enfoques, realizados durante um ano. O projeto foi se materializando à medida que cada módulo mensal acontecia; eu aliava minhas pesquisas sobre alimentos funcionais com a execução gastronômica magistral de Ana. Havia acabado de encontrar a "tampa" para minha "panela".

Ana Vitória

Marcel Gussoni

Para fechar este projeto, encontrei **Marcel Gussoni**, o profissional responsável pelas lindas fotos que ilustram este livro. Ele foi um grande incentivador. Seu olhar e sua arte foram fundamentais para formatar nosso trabalho. Ele capturou a alma de nosso projeto e sintonizou suas fotos com os sentidos que aguçam nossa sensibilidade. Acredito que este livro é fruto de uma verdadeira parceria de saberes!

Enfim, espero que você decida pelo caminho da saúde plena, um caminho sem encruzilhadas ou atalhos. Há só uma trilha a seguir. A velocidade com que a percorrerá só depende de você.

Lucyane Crosara

sumário

Nossas receitas têm um princípio básico: fazer bem para você. É por isso que elas são assim:

- A maioria das receitas deste livro é isenta de glúten, leite de vaca e derivados. Tal informação será indicada no início do módulo ou na própria receita.
- Não têm fritura.
- Utilizamos o mínimo de óleo para as preparações (damos preferência ao óleo de coco e ao azeite).
- Priorizamos alimentos orgânicos.
- Evitamos alimentos industrializados, com corantes, conservantes e adoçantes.
- Os doces, sucos e chás não são adoçados com açúcar refinado nem com adoçantes.
- Algumas preparações contêm açúcar mascavo, mel, melado e agave.
- Toda a aveia utilizada nas preparações é isenta de glúten.

Proporções e medidas

TABELA DE MEDIDAS APROXIMADAS	
1 colher de sopa	15ml/3g
1 colher de sobremesa	10ml/2g
1 colher de chá	5ml/1g
1 colher de café	2ml/0,5g
1 xícara de chá ou copo pequeno	150ml
1 xícara de chá ou copo médio	180ml
1 xícara de chá ou copo grande	200ml
1 xícara de café pequena	50ml
1 xícara de café grande	80ml
1 cálice	30ml

Obs.: *existem diversas marcas disponíveis no mercado e cada uma apresenta uma medida diferente, por isso, estabelecemos três padrões. É importante saber que, independentemente da medida de sua xícara, se você seguir as receitas e utilizar a mesma xícara para as medidas, manterá a proporção estabelecida.*

Sem glúten

Sem leite animal nem derivados (sem lactose e sem proteína do leite)

Ovolactovegetariano

Rendimento

MÓDULO UM

nutrição funcional no dia a dia

bem-vindos ao mundo funcional, natural e saboroso!

A ideia deste módulo é apresentar como seria uma refeição completa, com suco, aperitivo, salada, molho, prato principal, sobremesa e chá, dentro do conceito da nutrição funcional. Ou seja, consumir os alimentos mais naturais possíveis, com menor capacidade inflamatória e menor índice glicêmico.

Alimentos naturais: são os orgânicos, de preferência, pouco processados ou advindos de indústrias "verdes".

Alimentos inflamatórios: são os que estimulam a atividade e a secreção de substâncias inflamatórias no corpo de maneira crônica, diminuindo a imunidade e alterando o funcionamento do metabolismo. Alguns exemplos são bolachas, salgadinhos, gelatinas, frituras, refrigerantes, margarina, açúcar refinado, farinha branca, leite de vaca e seus derivados, glúten (para alguns) e carne vermelha.

nunca ouviu falar ou já fez cara feia? desafio você a experimentar!

Alimentos anti-inflamatórios: são aqueles que inibem o efeito maléfico das substâncias inflamatórias, como os vegetais e as frutas.

Índice glicêmico: é a velocidade com que um alimento é quebrado no estômago e no intestino e cai na corrente sanguínea. Se muita glicose é ingerida de uma só vez, uma grande quantidade de insulina é secretada para colocar tal glicose para dentro da célula. Se há glicose em excesso, uma parte dela é depositada como gordura. A ideia central da nutrição funcional é fornecer refeições que mantenham a glicemia equilibrada, para que menos gordura seja depositada, evitando também a hipoglicemia decorrente do desequilíbrio e da compulsão. Alguns exemplos de alimentos com alto índice glicêmico são batata-inglesa cozida, arroz branco, macarrão, pão francês, bolos, roscas, quitandas em geral, suco de laranja e de melancia e doces concentrados.

Começamos, então, a introdução de alguns alimentos funcionais, como suco verde, tofu, guacamole, tapioca, sementes, brotos, chocolate amargo e óleo de coco.

cubinho verde

aproximadamente 20 cubinhos

INGREDIENTES

- Couve: 2 folhas grandes
- Ervas: 1 punhado (1 concha de cada) = usar pelo menos 2 tipos (salsinha, hortelã, manjericão, erva-cidreira e alecrim*)

*Colocar o alecrim em menor quantidade.

PREPARO

- Bata as folhas no liquidificador com 500ml de água.
- Coe e coloque em forminhas de gelo.
- Corte pedacinhos de abacaxi, morango, kiwi ou ½ uva e coloque dentro de cada cubinho.
- Leve para congelar.
- Coloque em um copo de água gelada ou água de coco ou bata com água e outras frutas.

FUNCIONAL

Ervas: ajudam na digestão e eliminam as toxinas do corpo (são desintoxicantes); as frutas oferecem vitaminas e enzimas digestivas. São todas antioxidantes, ou seja, ajudam a prevenir o envelhecimento.

ATENÇÃO

A **couve** é uma brássica que contém substâncias que podem interferir no funcionamento da tireoide se ingeridas todos os dias (se a pessoa tiver deficiência de iodo). Portanto, se você tem hipotireoidismo, certifique-se sobre o consumo da couve com seu médico ou nutricionista.

Este cubinho é desintoxicante e refrescante. Ótima dica para evitar beliscos no final de semana ou para ingerir durante um churrasco.

guacamole com tacos de tapioca

2 porções

INGREDIENTES

- Abacate: 1 unidade média
- Cebola-roxa picada: 2 colheres de sopa
- Tomate picado sem semente: 1 unidade
- Limão: 1 unidade
- Pimenta dedo-de-moça sem semente: 1 unidade
- Coentro: 1 colher de sobremesa
- Cheiro-verde: 1 colher de sobremesa
- Sal: a gosto
- Pimenta-do-reino: a gosto

PREPARO

- Corte o abacate ao meio e retire a polpa com o auxílio de uma colher. Amasse-o com um garfo até que forme uma pasta.

- Acrescente a cebola e o tomate picado em cubinhos; tempere com suco de limão, sal, pimenta e finalize com as ervas. Sirva acompanhado de tacos de tapioca.

TACO

- Use a tapioca pronta.

- Coloque um pouco de tapioca na frigideira, forme círculos achatados e deixe até que comece a soltar. Retire da frigideira, coloque em um cabo de colher de pau para moldar e segure por alguns segundos. Reserve.

Obs.: se tiver uma frigideira grande, coloque alguns círculos de uma única vez, para facilitar o trabalho.

ATENÇÃO

A tapioca não contém glúten e, por isso, é menos inflamatória do que os alimentos que o contêm; entretanto, tem alto índice glicêmico. Se for muito consumida, depositará mais gordura e pode causar inflamação no corpo. Evite, caso tenha glicemia alta.

Não tenha preconceito com o abacate; ele combate desequilíbrios do estresse por modular o cortisol (hormônio liberado no estresse crônico) e ajuda a combater a gordura visceral, que gera aquela barriguinha. Benefícios já aparecem com 3 colheres de sopa por dia.

berinjela com missô e mel

2 porções

INGREDIENTES

- Berinjela: 2 unidades
- Óleo de girassol ou azeite: 2 colheres de chá
- Sal: a gosto
- Pimenta-do-reino: a gosto
- Missô: ½ xícara de chá
- Mel: ½ xícara de chá
- Água fervente: ⅓ xícara de chá

O missô é uma pasta de soja fermentada. É uma ótima opção para temperar peixes, frangos e sopas no lugar do sal.

PREPARO

- Fatie as berinjelas, com casca, em rodelas de 1,5cm e salpique sal; deixe-as descansar por 20 minutos (para retirar um pouco do sabor amargo).

- Lave em água corrente e seque com papel toalha.

- Aqueça uma frigideira, coloque metade do óleo ou azeite e, quando estiver quente, coloque as berinjelas e deixe-as dourar levemente. Quando for virá-las, coloque o restante do óleo.

- Com um mixer, processador ou liquidificador, bata o missô com a água fervente; acrescente o mel e reserve.

- Pincele o molho de missô em um dos lados da berinjela, vire e repita do outro lado. Deixe por 1 minuto de cada lado (tome cuidado, pois como o molho tem mel, carameliza rápido e pode amargar se passar do tempo).

- Sirva com mais molho quente à parte ou sobre as berinjelas.

Obs.: esse molho pode ser guardado na geladeira por alguns dias.

FUNCIONAL

Berinjela: é rica em potássio, vitaminas do complexo B e vitamina C. Sua casca é riquíssima em antocianina (um poderoso antioxidante). É diurética, ajuda no intestino, tem ação na redução de colesterol e baixa caloria. Seja criativo: faça sucos, grelhe, asse e recheie.

ATENÇÃO

Quem apresenta sensibilidade ao sódio ou hipertensão descompensada deve ser cauteloso ao ingerir o missô, que é rico em sódio.

mix de folhas, pera, broto de alfafa, tofu grelhado com chia e molho de frutas vermelhas com gengibre

1 salada grande

INGREDIENTES

- Folhas (da preferência): 2 maços
- Pera: 2 unidades
- Broto de alfafa: 1 xícara de chá
- Tofu (queijo de soja): 12 fatias pequenas
- Chia: ½ xícara de chá
- Polpa de frutas vermelhas: 2 unidades de 100g
- Frutas vermelhas frescas: 1 xícara de chá
- Goji berry: 1 colher de sopa
- Mel: 1 colher de sopa
- Gengibre ralado: 1 colher de sobremesa
- Azeite: 2 colheres de sopa
- Suco de limão-siciliano: 1 colher de sobremesa
- Sal: a gosto

FUNCIONAL

Tofu: riquíssimo em cálcio e fito-hormônios e não tem o fator inflamatório do queijo de vaca.
Semente de chia: rica em ômega 3 (diminui inflamação, ajudando na perda de peso) e ferro (dá energia e desintoxica), fibras (ajuda a diminuir o índice glicêmico e, portanto, o peso), magnésio, proteína e antioxidantes (ácidos cafeicos e flavonoides). Aumenta a saciedade.
Broto de alfafa: muito rico em vitaminas (complexo B, C, D, E, K, ácido fólico), minerais (silício, cálcio, potássio) e aminoácidos.
Frutas vermelhas: muito ricas em flavonoides, ajudam a baixar a resistência insulínica (ajudando no emagrecimento). Previnem o envelhecimento celular e aumentam a imunidade.

PREPARO

- Lave as folhas, seque-as e rasgue-as em pedaços menores. Reserve.

- Coloque as polpas, as frutas frescas e o goji berry com o mel e o gengibre em uma panela e leve ao fogo baixo; deixe reduzir por alguns minutos até que a calda fique mais espessa. Deixe esfriar, coloque o limão e o azeite até emulsionar. Acrescente uma pitada de sal.

- Corte o tofu em fatias de 1cm de espessura, aproximadamente; passe-as na chia, cobrindo-as de todos os lados. Grelhe-as em uma frigideira antiaderente com um fio de azeite até que dourem levemente.

- Corte as peras com casca, em fatias finas, e deixe-as de molho em água gelada com um pouco de sal por 3 minutos (para evitar que escureçam). Escorra e reserve. Faça isso apenas se não for utilizar a salada na hora do preparo.

- Em uma travessa, coloque as folhas rasgadas, as fatias de pera, o tofu grelhado e finalize com o broto de alfafa. Sirva o molho de frutas vermelhas à parte ou, se preferir, regue a salada.

Esta salada por si só é uma refeição completa.

néctar de gengibre

4 cálices

PREPARO

- Junte o gengibre ralado e metade da água (ou a quantidade suficiente para cobri-lo) e leve ao fogo para cozinhar por 10 minutos.

- Coloque no liquidificador, acrescente o restante da água e bata até formar um creme. Coe e armazene na geladeira.

- Tome 1 cálice imediatamente antes das refeições.

Obs.: o néctar dura por até dois dias na geladeira.

INGREDIENTES

- Gengibre ralado: 1 colher de sobremesa
- Água: 100ml

FUNCIONAL

Gengibre: ajuda a formar ácido clorídrico e preparar o estômago para digerir melhor os alimentos. Facilita a digestão, acelera o metabolismo, é anti-inflamatório e antioxidante. Interessante para quem toma medicamento que alcaliniza o estômago, o que prejudica a eficiência da digestão.

ATENÇÃO

Algumas pessoas apresentam sensibilidade ao gengibre.

tilápia em crosta de gergelim com azeite de ervas

2 a 3 porções

INGREDIENTES

- Tilápia: 400g
- Sal marinho: a gosto
- Pimenta-do-reino: a gosto
- Tempero de alho *(receita na página 50)*: a gosto
- Gergelim: 1 xícara de chá
- Clara de ovo: 1 unidade

PREPARO

- Tempere o peixe com sal, tempero de alho e pimenta.

- Passe a clara de ovo em apenas um dos lados do peixe e, em seguida, coloque-o sobre o mix de gergelim. Aperte bem para que forme a crosta. Reserve.

- Aqueça uma frigideira, acrescente um fio de azeite e coloque o peixe com a crosta virada para baixo. Deixe dourar em fogo médio; quando estiver dourado, vire e deixe que doure do outro lado.

Obs.: cuidado com o ponto do peixe. Para que não fique seco, observe que, quando o peixe começar a liberar a albumina (uma "espuma" branca), estará no ponto.

azeite de ervas

INGREDIENTES

- Azeite: 100ml
- Ervas (coentro, salsa, manjericão e tomilho ou a combinação que preferir): 1 xícara de chá
- Raspas e suco de limão-siciliano: 1 colher de sopa
- Sal: a gosto

PREPARO

- Com um mixer ou liquidificador, bata as ervas com azeite. Acrescente as raspas e emulsione com o suco de limão; acerte o sal e sirva acompanhando o peixe.

Dica: ao bater um molho que tenha ervas como base, coloque uma pedra de gelo na mistura para ajudar a mantê-lo bem verde.

FUNCIONAL

Peixe: sua digestão e absorção são mais fáceis do que as de outras carnes. Além disso, é fonte de ômega 3.
Azeite: rico em ômega 9 e antioxidantes, protege o cérebro e previne doenças cardiovasculares.
Gergelim: rico em cálcio e magnésio, ajuda na quebra de gordura e na manutenção dos ossos; tem boa ação no intestino.
Pimenta: não deve faltar. Ela dá sabor, aquece a alma e, de quebra, acelera o metabolismo. Evite se hemorroida ou diverticulite ou se sentir dor no estômago quando ingerida.

As ervas estão presentes na grande maioria de nossas preparações ao longo do livro. É uma maneira eficiente de diminuir a quantidade de sal que colocamos para temperar os pratos e de ingerir os variados fotoquímicos benéficos que elas oferecem.

quibe com trigo-sarraceno

3 porções

INGREDIENTES

- Trigo-sarraceno: 1 xícara de chá ou aproximadamente 200g
- Carne moída (patinho): 300g
- Cebola picada: 2 colheres de sopa
- Hortelã picada: 2 colheres de sopa
- Salsinha picada: 2 colheres de sopa
- Tempero de alho *(receita na página 50)*: 1 colher de chá
- Pimenta fresca (de sua preferência): a gosto
- Azeite: 1 colher de sopa
- Sal marinho: a gosto
- Zaatar ou pimenta síria: a gosto
- Suco de limão: 2 colheres de sopa cheias
- Tomate em cubos: 1 unidade pequena ou ½ xícara de chá
- Tofu em lascas: ½ xícara de chá

PREPARO

- Hidrate o trigo em água (coloque uma quantidade que cubra o trigo) por aproximadamente 40 minutos a 1 hora.

- Escorra o trigo para retirar o excesso de água. Misture com a carne, a cebola, o alho, a hortelã, a salsinha, a pimenta, o limão, o zaatar, o azeite e acerte o sal.

- Unte levemente um refratário com um pouco de azeite e cubra com metade dessa mistura. Coloque por cima o tomate e o tofu picados e salpique um pouco de sal. Cubra com o restante da mistura, alise a superfície e, se desejar, faça riscos com a faca.

- Leve ao forno preaquecido a 200°C por, aproximadamente 20 a 30 minutos.

Quibe é um prato fácil de fazer e que sempre agrada. Quem não ingere glúten nem proteína do leite tem esta opção com o trigo-sarraceno e o tofu. O prato fica menos inflamatório, muito saboroso e muito sacietógeno (segura a fome).

FUNCIONAL

Trigo-sarraceno: rico em proteínas, ferro e em muitas fibras, além de magnésio e lisina. Pode apenas conter traços de glúten (o doente celíaco deve evitar, mas o intolerante ao glúten pode ingerir).

espaguete de abobrinha com cogumelos, broto de feijão e molho pesto

3 porções

INGREDIENTES

- Abobrinha italiana: 2 unidades médias
- Broto de feijão: 2 xícaras de chá
- Cogumelos frescos: 2 xícaras de chá
- Tempero de alho *(receita na página 50)*: 1 colher de chá
- Cebola picada: 2 colheres de sopa
- Azeite: 2 colheres de sobremesa
- Noz-moscada ralada: a gosto
- Pimenta fresca: a gosto
- Sal marinho ou rosa: a gosto
- Pesto de ervas ou manjericão (*receita na página 30*): ½ xícara de chá
- Queijo de cabra ralado

Quem se preocupa com as gordurinhas abdominais não deve ingerir macarrão à noite, pois nesse horário nosso metabolismo é mais baixo e a probabilidade de depósito de gordura aumenta, principalmente se o prato tem muito carboidrato, como o macarrão tradicional, feito de farinha de trigo. Esta versão funcional é tudo de bom. A abobrinha é rica em fibras, que saciam a fome, e o cogumelo complementa com a proteína vegetal. E, acredite, é uma delícia. Prove!

PREPARO

- Lave bem as abobrinhas e deixe-as secar; rale-as com auxílio de um mandolim, fazendo cortes finos e longos que imitem o formato de espaguete, até que chegue ao miolo.

- Aqueça uma frigideira e coloque metade do azeite com metade do alho para dourar; acrescente a abobrinha fatiada e refogue rapidamente para que não perca a crocância. Acrescente o molho pesto e misture; acerte o sal se necessário.

- Pique os cogumelos como preferir. Em uma panela, coloque o restante do azeite e leve a cebola para refogar. Quando estiver refogada, acrescente o restante do alho e deixe dourar levemente.

- Coloque os cogumelos e refogue até que estejam cozidos (processo rápido, dependendo da espécie utilizada). Acrescente o broto de feijão e refogue mais um pouco. Acerte o tempero com sal, noz-moscada e, se desejar, pimenta.

- Coloque o espaguete no centro de um prato, formando um ninho. Adicione o refogado de cogumelos e broto de feijão no centro do ninho e finalize com queijo de cabra ralado. Sirva em seguida.

FUNCIONAL

Abobrinha: fonte de vitamina C, ácido fólico e complexo B. Rica fonte de fibras, melhora o funcionamento do intestino e aumenta a saciedade.

pesto de ervas

INGREDIENTES

- Manjericão: 1 xícara de chá
- Salsinha: 1 xícara de chá
- Hortelã: ½ xícara de chá
- Azeite: 1 xícara de chá
- Castanha (amêndoa, castanha-de-caju, nozes ou castanha-do-pará): 1 unidade (opcional)
- Alho: 1 dente pequeno
- Suco de limão: 3 colheres de sopa
- Sal: a gosto

ATENÇÃO

É importante colocar as ervas por último quando houver outros sólidos que precisem ser processados, pois em contato com metal por muito tempo, elas sofrem oxidação, o que altera sua cor e até seu sabor.

PREPARO

- Lave e seque as ervas.

- Em um processador ou liquidificador, coloque o azeite, a castanha e o alho; bata até que estejam triturados. Acrescente as ervas e bata até formar um molho espesso. Se quiser mais líquido, coloque um pouco mais de azeite.

- Reserve a mistura e acrescente um pouco de sal e o suco de limão.

Obs.: escolha as ervas de sua preferência.

FUNCIONAL

Cogumelos: fonte de proteínas, vitaminas B2, B3, B5, B6, ácido fólico, triptofano selênio, cobre, potássio, fósforo, zinco, manganês, magnésio, ferro, cálcio e fibras alimentares. Antioxidante e fortalecedor do sistema imunológico.
Broto de feijão: com alto valor nutritivo, contém cálcio, fósforo, ferro, além de vitaminas C, complexo B e fibras. Proporciona ótima digestão e absorção.
Queijo de cabra: rico em cálcio e proteínas. Tem uma estrutura menos alergênica do que o leite de vaca.
Ervas: ricas em vitaminas, antioxidantes. Estimulantes da digestão e do metabolismo.

risoto de quinoa com cogumelos, espinafre e raspas de limão-siciliano

3 porções

INGREDIENTES

- Quinoa em grãos: 200g
- Cebola picada: 3 colheres de sopa
- Tempero de alho *(receita na página 50)*: ½ colher de sobremesa
- Açafrão em pó: 1 colher de café
- Vinho branco ou saquê: ½ xícara de café
- Cogumelos picados: 3 xícaras de chá
- Espinafre picado: 4 xícaras de chá
- Raspas de limão-siciliano: 1 colher de sopa
- Suco de limão: 1 colher de sopa
- Cheiro-verde: 2 colheres de sopa
- Azeite: 2 colheres de sobremesa
- Água ou caldo de vegetais *(receita na página 58)*: 1 litro
- Sal e pimenta: a gosto

PREPARO

- Em uma panela, coloque o azeite e refogue a cebola até que murche. Acrescente o alho e deixe dourar levemente. Adicione os cogumelos, salteie-os rapidamente e retire metade deles para acrescentar no final do preparo do risoto.

- Acrescente o açafrão em pó e a quinoa, mexa e adicione o vinho. Deixe evaporar e adicione a água. Tempere com um pouco de sal, pimenta-do-reino e o suco do limão. Deixe cozinhar em fogo baixo e mexa algumas vezes. Se notar que precisa de mais água, acrescente aos poucos.

- Quando a água estiver quase seca, acrescente o espinafre, as raspas de limão e o restante do cogumelo. Mexa bem, finalize com cheiro-verde e, se desejar, um pouco de tofu, para dar mais cremosidade. Sirva em seguida.

Esse prato é o meu predileto. Vai bem sozinho ou como acompanhamento. É completo em nutrientes e versátil. Misture com a quinoa o que tiver na geladeira de vegetais, sementes e carnes. É como um bom "mexidão", mas com um toque mais funcional e saudável.

FUNCIONAL

Quinoa: cereal muito rico em proteína vegetal, vitamina A (saúde dos olhos e das mucosas), vitaminas B1, B2 e B3 (energia e bom funcionamento do sistema nervoso central), em ferro, magnésio e zinco (ajuda em processos inflamatórios e aumenta a imunidade). Funciona como fibra, ajudando o intestino e diminuindo a absorção de colesterol e glicose.
Espinafre: rico em vitamina A (visão, pele e mucosas), cálcio (ajuda na saúde dos ossos e aumenta a quebra de gordura) e potássio (diurético). Deve ser ingerido sempre cozido.

sorvete de frutas tropicais com calda de chocolate

2 porções

INGREDIENTES

- Banana-prata: 1 ½ unidade
- Manga Palmer: 1 unidade média
- Maracujá: ½ unidade (se gostar mais azedo, pode aumentar para 1)

PREPARO

- Pique a banana e a manga; retire a polpa do maracujá. Coloque as frutas em uma vasilha e leve ao congelador até que congelem.

- No liquidificador ou mixer, bata as frutas congeladas até que formem uma pasta homogênea e espessa (pare e mexa sempre que for necessário, para ajudar a bater; se preciso, coloque um pouco de água para ajudar, mas não exagere para não perder o ponto). Leve de volta ao congelador e mantenha até na hora de servir.

calda de chocolate

INGREDIENTES

- Chocolate em barra 70% cacau: 100g
- Cacau em pó: 1 colher de sobremesa
- Leite de coco *(receita na página 82)*: 100ml
- Óleo de coco: 2 colheres de sopa

PREPARO

- Leve o chocolate para derreter em banho-maria; quando estiver derretido, acrescente o cacau em pó, o leite e o óleo de coco (nesse momento, a mistura pode solidificar, mas voltará ao normal com o aquecimento). Se desejar uma calda mais líquida, acrescente um pouco mais de leite de coco.

- Sirva quente ou em temperatura ambiente acompanhada do sorvete.

FUNCIONAL

Banana: rica em fibras, potássio, magnésio e triptofano. Regula intestino, previne câimbras e produz bem-estar físico e mental.
Maracujá: rico em vitaminas A e C.
Manga: rica em potássio, magnésio, vitaminas A, B e C.
Cacau e chocolate amargo (>70%): ricos em catequinas e epicatequinas (alto poder antioxidante), fontes de cafeína, que estimula o cérebro e aumenta a produção de serotonina, combatendo ansiedade e depressão.
Óleo de coco: rico em ácido láurico; gordura fácil de queimar. Tem fácil digestão, contém antioxidantes, melhora sistema imunológico e ajuda a combater fungos, como a candidíase.

Todo mundo sabe que a maioria dos sorvetes industrializados tem açúcar, leite, gordura trans e conservantes de sobra.
Por que não uma versão funcional e saudável? Desse modo, podemos tomar sorvete todos os dias!
A calda de chocolate é "dos deuses".

infusão de camomila

1 porção

INGREDIENTES

- Flores de camomila desidratadas: 1 colher de sopa
- Água: 200ml

ATENÇÃO

De maneira geral, não devemos tomar líquidos muito próximo das principais refeições, pois eles diluem o suco gástrico e prejudicam a digestão de proteínas e a absorção de algumas vitaminas e minerais. O ideal é esperar 1 hora após as refeições ou ingeri-los 30 minutos antes.

PREPARO

- Coloque a água para ferver; quando levantar fervura, desligue o fogo, jogue a erva seca de camomila, tampe e deixe por 5 minutos. Coe e beba mais para morno ou gelado. Se quiser gelado, jogue 3 pedras de gelo depois de pronto e coloque na geladeira para esfriar.

FUNCIONAL

Camomila *(Matricaria chamomilla)*: rica em apigenina e óleos essenciais. Ótima ação no trato gastrointestinal (melhora a motilidade e a secreção gástrica, além de promover o equilíbrio da microbiota intestinal). Promove ação anti-inflamatória, antifúngica e antioxidante.

E para completar essa refeição de sabores inusitados, um chá mais calmante. Gosto mais do chá de camomila gelado, que deixa o sabor mais suave. Camomila não é um chá sonífero. Ajuda a reduzir a ansiedade e diminuir a agitação mental. Inclusive, pode ser ingerido durante a tarde para aumentar o foco e a concentração no trabalho ou no estudo. Chás devem ser feitos sempre em infusão e não devem ser adoçados.

MÓDULO DOIS

preparação de uma refeição funcional: o que o cozinheiro deve saber

Ter uma vida saudável e seguir um plano alimentar e de exercícios físicos requer disciplina e logística. Muitos não conseguem preparar sua própria refeição. Mas para que a logística funcione ainda mais, nada melhor do que ter uma pessoa com conhecimento e comprometida com esse objetivo.

Organizamos este treinamento pensando em todos que preparam suas refeições e nos que têm alguém para prepará-las.

Este grupo de receitas foi formatado para aqueles que colocam a mão na massa todos os dias. O objetivo deste módulo é dar ideias práticas e base para tornar a comida do dia a dia mais funcional e criativa. Porque é difícil ficar pensando no que preparar e como inserir os alimentos funcionais todos os dias, não é mesmo? Neste módulo, você encontrará muitas respostas.

O mais importante para a cozinha "funcional" é aplicar as transformações: alimentos mais naturais, menos tóxicos e com menor índice glicêmico. Esse conceito de "comida de verdade" deve ser bem entendido pelos preparadores das refeições e deve ser aplicado em todas as famílias envolvidas, independentemente do nível social, pois a cozinha funcional é para todos.
É importante também trazer o cuidado e a alegria para dentro da cozinha e na preparação das refeições. A energia do preparador é transmitida para o alimento, portanto, se as vibrações são altas na hora do preparo, seu alimento com certeza será mais nutritivo. Infelizmente, o contrário também é verdadeiro.

que tal colocar música na cozinha?

O resultado do curso foi excelente e impactante para a vida dos alunos. Uma vez entendido o conceito, fica mais fácil fazer as escolhas certas. Se não é você mesmo quem prepara suas refeições, disponha de um tempinho para ensinar este conceito e orientar quem as prepara. Envolver e ensinar a todos a sua volta só traz benefícios.

Neste curso, caprichamos na quantidade de preparações. Oferecemos muitas possibilidades de variação e combinação e muitas maneiras de inserir alimentos e pitadas funcionais em sua refeição. É para fazer bonito todos os dias.

minhas dicas para o dia a dia

qual a melhor panela?

É difícil escolher e saber qual é a melhor, pois todas têm suas vantagens e desvantagens — liberam algum tipo de metal e são melhores ou piores, dependendo do alimento a ser preparado. Indico as panelas de inox e cerâmica e, ainda, as de ferro para algumas preparações específicas. Aquelas de material antiaderente também podem ser usadas, mas se ficarem arranhadas, devem ser descartadas, pois liberam substâncias tóxicas.

O ideal é também guardar os alimentos em recipientes de vidro, em vez daqueles de plástico, que liberam toxinas para o alimento, como o bisfenol A.

adoçantes (edulcorantes) ou açúcar?

Reduza a ingestão de açúcar e adoçante e aprecie o sabor natural dos alimentos — diminua gradativamente até conseguir ingerir os alimentos quase sem adoçá-los. Prefira o açúcar demerara, o mascavo ou o de coco.

Se usar adoçante (edulcorante), tente variar entre o Stévia e o xilitol, ou variar o máximo possível entre todos, para evitar reações adversas decorrentes de possíveis acúmulos no organismo.

O adoçante estimula sítios de absorção de carboidrato no intestino. Portanto, nem sempre é uma boa opção para quem quer emagrecer.

O ideal é consultar um nutricionista para avaliar o que é melhor para você.

e o sal?

Ingerimos não só o sódio contido no sal que colocamos na comida, mas o sódio que está nos produtos industrializados (queijos, iogurtes, pizzas, barrinhas etc.). Precisamos do sódio em nosso corpo. Ele ajuda em nosso equilíbrio eletrolítico. Mas o excesso pode causar inchaços e aumento da pressão arterial. O ideal é diminuir sua ingestão usando mais temperos como alho, cebola e ervas (cebolinha, salsinha, manjericão, orégano, coentro, curry).

manteiga ou margarina?

O ideal seria não usar nenhum dos dois. Mas se tivermos de optar, indico o uso de pouca manteiga, pois a margarina contém toxinas que prejudicam a detoxificação no fígado.

e os óleos?

O ideal neste caso é:

- Não usar frituras.
- Priorizar o uso de óleo de coco e azeite (preparações rápidas) para cozinhar.
- Utilizar óleos crus de gergelim, linhaça, abacate e castanhas. Não se deve aquecer tais óleos.

como higienizar verduras e frutas?

Lave bem em água corrente com uma escovinha reservada só para isso. E depois, para eliminar os micro--organismos e os agrotóxicos, podemos utilizar vários métodos de imersão: água ozonizada e ionizada (dois métodos eficientes em eliminar microrganismos e metais pesados dos agrotóxicos e que estão ficando mais acessíveis), iodo (eficiente em eliminar metais pesados, mas deve ser usado com cuidado por pessoas com problemas na tireoide), bicarbonato de sódio (não é eficiente e pode eliminar algumas vitaminas dos alimentos), hipoclorito de sódio (é eficiente para eliminar micro-organismos, mas não deve ser utilizado para pessoas sensíveis ao cloro, com dificuldade de detoxificação no fígado, tratamento de câncer e problemas de tireoide) e o vinagre (eficiente em eliminar micro-organismos e um pouco de metais pesados advindos dos agrotóxicos).

Acredito que o mais prático e acessível atualmente seja utilizar o vinagre e o mais eficaz seja utilizar a água ionizada para eliminar o máximo possível de micro--organismos e agrotóxicos.

o ideal mesmo é aumentar ingestão de frutas, verduras e legumes orgânicos.

Prepare suas refeições
com amor e carinho
para servir bonito!

suchá 1

1 porção

INGREDIENTES

- Erva de chá-verde desidratada: 1 colher de sopa
- Água: 200ml
- Melão: 1 fatia
- Gengibre: 1 rodelinha
- Erva-cidreira (opcional): 1 pedacinho de folha

PREPARO

- Coloque a água para ferver. Quando começar a ferver, desligue, jogue a erva e tampe por 5 minutos. Coe e coloque por 1 hora no freezer ou mais horas na geladeira. Bata no liquidificador com o melão, a erva-cidreira e gelo (se quiser). Coe se achar necessário.

FUNCIONAL

Chá-verde: antioxidante, acelera o metabolismo, anti-inflamatório.
Melão: rico em potássio, diurético, bom para baixar a pressão e para cálculo nos rins.
Gengibre: auxilia na digestão e anti-inflamatório, ajuda na circulação e acelera o metabolismo.

suchá 2

1 porção

INGREDIENTES

- Erva de hibisco: 1 colher de sopa
- Água: 200ml
- Suco de uva integral sem adição de açúcar: 100ml
- Raspinhas de casca de laranja (opcional)

PREPARO

- Coloque a água para ferver. Quando começar a ferver, desligue, jogue a erva e tampe por 5 minutos. Coe e coloque por 1 hora no freezer ou mais horas na geladeira. Bata no liquidificador com o suco de uva e gelo (se quiser). Coe se achar necessário.

FUNCIONAL

Hibisco: antioxidante, ajuda a reduzir a pressão arterial, diurético, reduz formação de gordura (principalmente no abdômen e quadril).
Suco de uva integral: rico em resveratrol, que ajuda a controlar o colesterol e a formação de placas nos vasos, diminui a formação de gordura visceral.
Casca da laranja: possui terpeno, que ajuda na digestão e promove ação no metabolismo.

No Brasil, estamos começando a desenvolver o hábito de ingerir chás. É um hábito saudável que vale a pena cultivar pelos benefícios que traz. O suchá (mistura de chá com suco) é uma ótima opção para introduzir o hábito no dia a dia, principalmente nas regiões mais quentes do país.

tempero seco de ervas

INGREDIENTES

- Alecrim, manjericão, tomilho, orégano, hortelã, salsinha, cebolinha e coentro: 1 xícara de café de cada

PREPARO

- Deixe as ervas frescas secando em uma travessa. Coloque-as em um lugar arejado ou seque em forno bem fraquinho.

- Depois de secas, bata-as no liquidificador e coloque a mistura em um potinho com tampa.

FUNCIONAL

Alecrim: melhora a digestão, a dor de cabeça, as dores reumáticas e a memória.
Manjericão: ajuda na digestão e melhora gases e cólicas.
Orégano: ativa os sistemas digestivo e urinário. Protege o fígado e tem ação antifúngica e antiparasitária.
Tomilho: ajuda na digestão e na eliminação de gases.
Salsinha: é rica em vitamina C, é cicatrizante (principalmente do estômago) e antifúngica.
Hortelã: bactericida, ajuda com cólicas de estômago e intestino.
Coentro: é rico em vitamina C e ajuda na digestão de gordura.
Cebolinha: contém vitaminas A, B3, C e em minerais como o cálcio e o fósforo. Exerce importante papel no combate aos radicais livres e fortalece o sistema imunológico.

tempero em pó antioxidante

INGREDIENTES

- Açafrão, páprica doce, curry (colocar menor quantidade), mostarda em grãos, pimenta-rosa, branca e preta (colocar menor quantidade), gengibre em pó, noz-moscada: 1 colher de chá de cada.

PREPARO

- Bata tudo no liquidificador até virar pó e ficar bem misturado.

Fazer esse tempero é uma maneira de ingerir todos os condimentos de uma vez, intensificando os benefícios à saúde.

farofa de amêndoas e sementes

INGREDIENTES

- Amêndoa sem pele: 1 xícara de chá
- Semente de linhaça: 1 xícara de café
- Semente de girassol: 1 xícara de café

PREPARO

- Bata todos os ingredientes em um processador ou liquidificador até formar uma farofa. Conserve em geladeira e use sobre saladas, arroz, frutas ou outras preparações.

FUNCIONAL

Amêndoa: rica em gordura do bem, que ajuda a prevenir doenças cardiovasculares. Auxilia no controle da pressão arterial devido ao potássio; tem proteína vegetal e fibras que ajudam na saciedade e na saúde dos ossos; ajuda no controle da glicemia (manganês e vitaminas do complexo B), é anticancerígena (selênio) e ajuda na melhora da função cerebral (vitamina E).
Linhaça: fonte de proteínas, minerais e vitaminas, aumenta a imunidade, ajuda o intestino, reduz o colesterol, aumenta a saciedade, tem ômega 3 e, portanto, diminui as inflamações.
Semente de girassol: rica em vitaminas A, E, potássio, magnésio, selênio e fibras, é anti-inflamatória e antioxidante. Além disso, aumenta a imunidade e protege a visão.

mix de sementes

INGREDIENTES

- Gergelim branco e preto: 1 xícara de café
- Semente de abóbora: 1 xícara de café
- Semente de girassol: 1 xícara de café

PREPARO

- Coloque todos os ingredientes em uma frigideira e leve ao fogo baixo, mexendo sem parar, para que tostem levemente. Guarde as sementes em um vidro tampado e use por cima de saladas, arroz, purês e diversas preparações.

FUNCIONAL

Gergelim: rico em gordura do bem, magnésio, cálcio, fibras e complexo B. Aumenta a quebra de gordura e previne a formação de gordura visceral; fortalece tendões e ossos e é bom para tratar reumatismo e para o intestino.
Semente de abóbora: rica em triptofano (aumenta a serotonina — hormônio do bem-estar), magnésio (fortalece o coração e os ossos), ômega 3 (diminui inflamação e ajuda a insulina a trabalhar melhor) e em zinco (auxilia a digestão e protege a próstata).

Olha quantos benefícios à saúde essas sementes fornecem! Que tal uma pitada de saúde todos os dias?

tempero de alho, açafrão e raspas de limão

INGREDIENTES

- Pasta de alho: 1 xícara de chá
- Açafrão em pó: 1 colher de chá
- Raspas de limão-siciliano: 2 colheres de sobremesa

PREPARO

- Misture todos os ingredientes e armazene-os tampados na geladeira. Use para temperar frangos, peixes, carnes ou para fazer refogados.

Obs.: se você não tiver a pasta de alho pronta, amasse três cabeças de alho e misture com o restante dos ingredientes.

FUNCIONAL

Alho: antiviral, antifúngico, diminui triglicérides e colesterol ruim; previne doenças cardiovasculares, diminui a pressão arterial e aumenta a imunidade.
Açafrão: efeito protetor do fígado, acelera a eliminação de toxinas.

tempero de alho, salsinha e pimenta

INGREDIENTES

- Pasta de alho: 1 xícara de chá
- Salsinha: ½ xícara de chá
- Pimenta-de-cheiro: 1 unidade
- Pimenta-bode: 1 unidade (sem semente)

PREPARO

- Bata todos os ingredientes e guarde-os tampados na geladeira. Use para temperar frangos, peixes, carnes ou em refogados.

Depois de aprender a fazer esses temperos, será impossível comprar aqueles prontos, que são cheios de conservantes, corantes e glutamato monossódico (realçador de sabor muito usado pela indústria – seu acúmulo pode causar alergias e alterações cognitivas).

homus

aproximadamente 500g

INGREDIENTES

- Grão-de-bico: 300g
- Limão espremido: 1 ½ unidade
- Alho: 1 dente ou mais, se desejar
- Tahine (pasta de gergelim): 100g
- Azeite: a gosto
- Sal: a gosto
- Pimenta-do-reino: a gosto

Esta receita é uma das mais versáteis. Pode ser servida com torradinha, como dip de vegetais, recheio de sanduíche e acompanhamento de grelhados. Faça no começo da semana e use em seu decorrer, de diferentes maneiras. O homus é prático e gostoso!

PREPARO

- Deixe o grão-de-bico de molho em água por até 12 horas e retire as peles. Escorra e leve para cozinhar em uma panela de pressão com 1 litro de água por aproximadamente 40 a 50 minutos.

- Quando terminar de cozinhar, escorra e retire o que sobrou de pele. Importante: reserve um pouco da água do cozimento, pois será utilizada para ajudar a bater.

- Em um processador ou liquidificador, bata o grão de bico, o alho e o tahine; acrescente o suco de limão, o sal e a pimenta-do-reino. Bata e acrescente um pouco da água do cozimento até que forme uma pasta homogênea e espessa como um patê.

- Sirva com azeite por cima e, se desejar, um pouco de páprica picante.

FUNCIONAL

Grão-de-bico: rico em proteína vegetal, vitaminas e minerais. Fonte de fibra solúvel, importante para o intestino, para reduzir o colesterol e controlar a insulina (tem baixo índice glicêmico). Tem cálcio e magnésio, ajuda na saúde dos ossos e no metabolismo de quebra de gordura. Rico em triptofano, que é precursor da serotonina (hormônio do bem-estar).
Azeite extravirgem: tem ômega 9, uma gordura saudável que ajuda a prevenir doenças cardiovasculares, e betassisterol, que diminui o cortisol e, portanto, inflamações. Ajuda, ainda, a controlar a glicemia e o colesterol.

caponata funcional

2 porções

INGREDIENTES

- Berinjela: 2 unidades médias
- Salsão: 1 talo
- Cebola: 1 unidade grande
- Alho-poró: 2 talos
- Tempero de alho *(receita na página 50)*: 1 colher de sopa
- Pimentão vermelho e amarelo: ½ unidade de cada
- Castanhas (nozes, amêndoas, caju): ½ xícara de chá
- Uva-passa: 1 xícara de café
- Ervas (tomilho, salsinha, alecrim): a gosto
- Páprica picante: 2 colheres de chá ou menos, se desejar
- Azeite: 1 xícara de café
- Sal: a gosto

PREPARO

- Lave bem todas as ervas, os legumes e as verduras.

- Pique a berinjela em rodelas de aproximadamente 1cm, depois, em tiras de 1cm e, em seguida, em cubos.

- Pique o salsão e o alho-poró em rodelas finas; pique a cebola e os pimentões em cubos do mesmo tamanho daqueles da berinjela.

- Pique o alho bem pequeno ou amasse-o.

- Em uma assadeira, coloque as berinjelas, a cebola, o pimentão, o alho-poró, o salsão e o alho. Acrescente as castanhas, a uva-passa e as ervas e tempere com a páprica, o azeite e o sal. Misture bem para que pegue tempero em tudo.

- Leve ao forno preaquecido a 200°C por aproximadamente 20 minutos, ou até que esteja assado. Coloque em um refratário, regue com um pouco mais de azeite e guarde na geladeira.

Obs.: a caponata pode ser consumida como acompanhamento, como recheio de panquecas, pães ou mesmo com arroz integral. Solte a imaginação!

FUNCIONAL

Berinjela: rica em potássio, antocianina (casca) e fibras. Pouco calórica, ajuda no funcionamento do intestino e a reduzir colesterol.
Salsão: ótimo diurético (potássio), ajuda a diminuir o ácido úrico.
Cebola: aumenta a imunidade, fortalece o sistema respiratório e é antialérgica.
Alho-poró: é diurético e ajuda a diminuir os cálculos renais.
Pimentão vermelho e amarelo: ricos em vitamina C e betacaroteno (ação antioxidante).
Uva-passa: alto conteúdo de energia, bom diurético, baixo sódio, rica em vitaminas E, A, B1 e B2 e ferro.

pesto de manjericão

2 xícaras de chá

INGREDIENTES

- Manjericão: 1 maço
- Azeite: 1 ½ xícara de chá
- Castanha (amêndoa, castanha-de-caju, nozes ou castanha-do-pará): 2 unidades
- Alho: 1 dente pequeno
- Sal: a gosto

ATENÇÃO

É importante colocar o manjericão por último, pois em contato com metal, ele sofre oxidação, o que altera sua cor e até seu sabor. Pode-se também colocar um cubinho de gelo.

PREPARO

- Lave e seque as folhas de manjericão.

- Em um processador ou liquidificador, coloque o azeite, as castanhas e o alho; bata até que estejam triturados. Acrescente o manjericão e bata até formar um molho espesso.

- Retire e acrescente um pouco de sal.

Obs.: podemos variar o pesto colocando um pouco de suco de limão e retirando as castanhas. Teste e descubra sua melhor versão.

tomates confit

aproximadamente 1 pote de 500g

INGREDIENTES

- Tomate-uva ou tomate-cereja: 4 caixas (aprox. 600g)
- Azeite: 1 xícara de chá
- Sal grosso moído ou flor de sal: 1 colher de café rasa
- Alho: 2 cabeças com casca
- Ervas (alecrim, tomilho e manjericão): 2 ramos de cada
- Pimenta calabresa ou pimenta-do-reino: a gosto

FUNCIONAL

Tomate: rico em licopeno, é anticancerígeno e rico em enxofre, que ajuda a destoxificar.

PREPARO

- Lave bem e seque os tomatinhos; separe os dentes de alho, deixando-os com a casca.

- Coloque os tomates, o alho e as ervas em uma assadeira; regue com metade do azeite e finalize com o sal e a pimenta. Misture para que o tempero "pegue".

- Leve ao forno a 180°C até que a pele do tomate comece a soltar ou ele comece a rachar; tome cuidado para que não desmanche. Retire do forno, coloque em um pote e cubra com o restante do azeite.

- Armazene na geladeira e use em diversas preparações, como massas, saladas e recheios.

A caponata, o pesto e o tomate confit não podem faltar no final de semana. Prepare na sexta e use como aperitivo, molho de macarrão ou para fazer um arroz diferente, como as receitas que seguem.

caldo de vegetais básico

aproximadamente 3 litros

Deixe a preguiça de lado! Este caldo é muito mais saudável do que os temperos prontos.

INGREDIENTES

- Cenoura: 2 unidades médias
- Cebola: 4 unidades médias
- Salsão: 2 talos e folhas
- Alho-poró: 2 talos com as folhas
- Alho: 6 dentes
- Tomilho: 3 ramos
- Salsinha: 3 ramos
- Louro: 1 folha
- Pimenta-do-reino em grãos: 1 colher de sopa
- Água: 4 litros

PREPARO

- Coloque todos os ingredientes em uma panela funda e leve ao fogo baixo por aproximadamente 30 minutos ou até que a cenoura esteja cozida. Coe e coloque o caldo em formas de gelo, ou mesmo em recipientes maiores, e leve ao congelador.

- Sempre que precisar cozinhar algo, lembre-se de adicionar um pouco mais de sabor com os cubinhos. Não use sal no caldo para que não interfira em preparações futuras.

Obs.: os legumes que sobraram podem ser batidos e aproveitados para uma sopa, por exemplo.

tabule de quinoa

2 porções

INGREDIENTES

- Quinoa em grão: 1 xícara de chá
- Água: 3 xícaras de chá
- Sal: a gosto
- Tomate em cubos sem semente: 1 xícara de chá
- Pepino japonês em cubos: 1 xícara de chá
- Cebola em cubos: ½ xícara de chá
- Tempero seco de ervas *(receita na página 46)*: 1 colher de chá
- Hortelã: 2 colheres de sopa
- Salsinha: 3 colheres de sopa
- Azeite: ½ xícara de café
- Suco de limão: 5 colheres de sopa
- Zaatar: a gosto

PREPARO

- Em uma panela, coloque a quinoa, a água e uma pitada de sal e leve para cozinhar por aproximadamente 15 minutos; escorra e lave em água corrente para interromper o cozimento. Deixe esfriar.

- Em uma travessa, misture a quinoa cozida, os cubinhos de tomate e de pepino, a cebola e as ervas; acrescente o zaatar, o azeite e o limão. Misture bem e acerte o sal.

arroz integral

3 porções

INGREDIENTES

- Arroz-cateto integral: 1 xícara de chá
- Azeite: 1 colher de chá
- Tempero de alho *(receita na página 50)*: 1 colher de chá
- Caldo de vegetais *(receita na página 58)* ou água: 2 a 3 xícaras de chá
- Sal: ½ colher de chá

PREPARO

- Lave bem o arroz em água corrente e deixe escorrer.
- Em uma panela, coloque o azeite e o alho e refogue um pouco. Junte o arroz e refogue por 2 minutos. Acrescente o caldo ou a água, o sal e coloque a tampa da panela, sem fechar completamente; deixe em fogo baixo por aproximadamente 30 a 35 minutos ou até que esteja cozido. Desligue e deixe a panela tampada por mais 5 minutos. Sirva em seguida.

Obs. 1: o tempo de cozimento varia conforme a qualidade do arroz; alguns levam mais ou menos tempo, por isso, deve-se prestar atenção, e caso seja necessário, acrescente mais líquido para que termine de cozinhar.

Obs. 2: o arroz integral também pode ser feito na panela de pressão e, para isso, basta que você faça o mesmo procedimento, porém, leve à pressão em fogo alto até que o pino da panela comece a mexer. Nesse momento, baixe o fogo e deixe cozinhar por 10 minutos. Depois, desligue e retire a pressão da panela colocando-a sob água corrente.

arroz com mix de gergelim e cebolinha

INGREDIENTES

- Arroz integral cozido: 2 xícaras de chá
- Mix de gergelim: 1 colher de sopa
- Cebolinha: 2 colheres de sopa

PREPARO

- Coloque o gergelim em uma frigideira e leve rapidamente em fogo baixo para tostar. Reserve.
- Pique finamente a cebolinha e reserve.
- Coloque o arroz em uma panela, pingue um pouco de água para ajudar a esquentar. Quando for servir, coloque por cima o gergelim e finalize com a cebolinha fresca.

arroz com açafrão e salsinha

INGREDIENTES

- Arroz integral cozido: 2 xícaras de chá
- Açafrão: 1 colher de café
- Água: 1 xícara de café
- Salsinha: 1 colher de sopa

PREPARO

- Coloque o açafrão e a água em uma panela e dilua; acrescente o arroz e misture bem. Deixe aquecer em fogo baixo.
- Pique bem a salsinha e jogue sobre o arroz na hora de servir.

Obs.: o açafrão também pode ser colocado na hora de cozinhar o arroz, basta adicioná-lo depois do alho.

arroz com caponata

INGREDIENTES

- Arroz integral cozido: 2 xícaras de chá
- Caponata: 1 xícara de chá

PREPARO

- Coloque o arroz em uma panela, acrescente a caponata, pingue um pouco de água e leve para aquecer em fogo baixo. Sirva em seguida.

arroz com pesto de manjericão

INGREDIENTES

- Arroz integral cozido: 2 xícaras de chá
- Pesto de manjericão *(receita na página 56)*: 1 colher de sopa

PREPARO

- Coloque o arroz em uma panela e pingue um pouco de água para ajudar a aquecer. Quando estiver quente, misture com o pesto. Sirva em seguida.

arroz com amêndoas

INGREDIENTES

- Arroz integral cozido: 2 xícaras de chá
- Amêndoas inteiras ou laminadas sem pele: 2 colheres de sopa

PREPARO

- Coloque as amêndoas em uma frigideira e aqueça em fogo baixo, mexendo sem parar para que dourem sem queimar. Reserve.
- Coloque o arroz em uma panela e pingue um pouco de água para ajudar a aquecer. Na hora de servir, coloque as amêndoas por cima.

Obs.: o arroz pode ser incrementado com qualquer outra castanha.

O arroz integral tem mais fibras e minerais do que o arroz branco. O índice glicêmico é mais baixo e, portanto, ele mantém melhor a glicemia no sangue, diminuindo a probabilidade de depósito de gordura.

Quem ainda tinha dificuldade para adquirir este hábito não tem mais desculpa. Veja quantas opções para variar! Pode misturar com sementes, castanhas, ervas, condimentos, vegetais – mais pitadas de saúde em sua vida.

salada de folhas com abacate, tomate confit e molho de laranja com coentro

1 salada média

INGREDIENTES

- Mix de folhas (alface, radicchio, rúcula, agrião, acelga): 1 maço no total
- Abacate: ½ unidade média
- Tomate confit *(receita na página 56)*: 1 xícara de chá
- Nozes: ½ xícara de chá
- Cebola-roxa: ½ unidade
- Laranja: ¼ de xícara de chá de suco de laranja-pera
- Azeite: ¼ de xícara de chá
- Limão: 1 colher de sopa de suco
- Mel: 1 colher de chá
- Coentro: 1 colher de sobremesa
- Sal: a gosto

PREPARO

- Lave bem e seque as folhas. Reserve.

- Corte o abacate ao meio, retire a casca, pique em meia-lua ou, se preferir, em cubos e passe um pouco de limão, para evitar que escureça muito.

- Corte a cebola ao meio no sentido do comprimento e, em seguida, em fatias finas; coloque em um peneira, adicione um pouco de sal e deixe por 5 minutos. Lave em água gelada e reserve.

- Para o molho: pique o coentro. Em uma vasilha, coloque o suco de laranja, o limão, o mel, o sal e acrescente o azeite, misturando bem para emulsificar. Finalize com o coentro.

- Coloque as folhas em uma travessa. Em seguida, os pedaços de abacate, o tomate confit, as fatias de cebola e as nozes. Finalize colocando um pouco de molho e sirva o restante à parte.

Obs.: a salada também pode ser feita com tomate fresco, basta cortá-lo ao meio, retirar as sementes e picar em cubos.

Essa salada é muito refrescante. Perfeita para os dias quentes! E é mais uma maneira de incluir o abacate em sua alimentação.

quinoa com frango thai, abacaxi, cenoura ralada, pesto de hortelã e castanha-de-caju

4 porções

INGREDIENTES

- Peito de frango: 300g
- Tempero de alho *(receita na página 50)*: 1 colher de chá
- Gengibre ralado: ½ colher de sobremesa
- Curry: 1 colher de sobremesa
- Sal: a gosto
- Óleo de coco: 1 colher de sobremesa
- Cebola: ½ unidade pequena
- Quinoa cozida: 2 xícaras de chá
- Abacaxi em cubos: ½ xícara de chá
- Cenoura ralada: 2 xícaras de chá
- Azeite: ½ xícara de chá
- Hortelã: 1 xícara de chá
- Castanha-de-caju: 1 xícara de café
- Suco de limão: 1 colher de sopa

PREPARO

- Tempere o frango com alho, gengibre, curry e sal. Reserve por 15 minutos.

- Pique a cebola em cubos bem pequenos.

- Em uma panela, coloque o óleo de coco e doure a cebola; acrescente o frango e deixe dourar bem. Pingue um pouco de água, baixe o fogo, para que cozinhe bem, por aproximadamente 10 minutos e reserve. Desfie em pedaços não muito pequenos.

- Bata o azeite com a hortelã, uma castanha-de-caju, limão e um pedaço de alho até que fique bem homogêneo. Tempere com um pouco de sal.

- Em uma vasilha, coloque a quinoa cozida, o frango desfiado, metade da cenoura, o abacaxi e tempere com o pesto de hortelã. Acerte o sal, se necessário.

- Coloque a salada em uma saladeira, finalize com o restante da cenoura por cima, as castanhas-de-caju e um pouco mais de pesto de hortelã.

FUNCIONAL

Quinoa: no Módulo 1, falei das funcionalidades dela. Passe lá para conferir.
Castanha-de-caju: rica em vitamina E (boa para a pele e o cérebro), potássio, fósforo, fibras e proteínas vegetais. Ajuda no controle da pressão arterial e na formação de ossos, diminui o colesterol e previne doenças cardiovasculares.
Abacaxi: rico em vitaminas C, A e complexo B, além de cálcio, manganês e fósforo. Ajuda na digestão, no combate à osteoporose e na recuperação de lesões articulares.

A quinoa é o cereal da vez. Fica gostosa quente ou fria, pura ou misturada. Não contém glúten, é de fácil digestão e é rica em proteína vegetal, vitaminas e minerais. Prepará-la é fácil e rápido. Tenha sempre em casa!

salada de grão-de-bico, frango em crosta de alecrim e mostarda, tomate confit e fios de abobrinha

4 porções

INGREDIENTES

- Grão-de-bico: 200g
- Peito de frango: 200g
- Tempero de alho *(receita na página 50)*: 1 colher de chá
- Mostarda à *la ancienne* ou *dijon* + mostarda em grãos: 1 colher de sobremesa
- Alecrim: 2 colheres de sopa
- Sal: a gosto
- Pimenta-do-reino: a gosto
- Pimenta fresca (bode, dedo-de-moça): a gosto
- Tomate confit *(receita na página 56)*: 1 xícara de chá
- Abobrinha italiana ou caipira em fios: 2 xícaras de chá
- Azeitonas pretas: ½ xícara de café
- Azeite: ½ xícara de café
- Suco de limão: 1 colher de sopa

PREPARO

- Deixe o grão-de-bico de molho por até 12 horas; retire o máximo de pele que conseguir e leve para cozinhar na pressão com o dobro de água por aproximadamente 30 a 40 minutos. Retire o que restou de pele e reserve.

- Tempere os filés de frango com o alho, as pimentas e um pouco de sal. Faça uma pasta com a mostarda e o alecrim picado e cubra um lado dos filés.

- Aqueça uma frigideira antiaderente, coloque um fio de azeite e grelhe os filés com o lado da mostarda para baixo; deixe cerca de 4 minutos em fogo médio e vire; deixe que grelhe do outro lado e, se necessário, pingue um pouco de água para ajudar no cozimento interno do frango. Retire e reserve.

- Corte o frango em fatias finas.

- Com um descascador ou ralador apropriado, faça fios com a abobrinha e salteie-a rapidamente (aproximadamente 2 minutos); é importante que permaneça crocante.

- Misture bem o azeite com o limão até que a mistura emulsione; acrescente uma pitada de sal.

- Em uma travessa, misture o grão-de-bico com o molho e a abobrinha; coloque as fatias de frango e os tomates e finalize com as azeitonas.

FUNCIONAL

Abobrinha: rica em fibras (aumenta a saciedade) e pouco calórica. Ótima opção para variar sem culpa quando se está em dieta.

Essa receita é perfeita para um jantar leve e saudável.

purê de abóbora, cenoura e mandioquinha com mix de gergelim

2 porções

INGREDIENTES

- Abóbora: 1 xícara de chá
- Cenoura: 1 xícara de chá
- Mandioquinha: 1 xícara de chá
- Tempero de alho *(receita na página 50)*: 1 colher de chá
- Azeite: 1 colher de chá
- Sal: ½ colher de chá
- Água ou caldo de vegetais *(receita na página 58)*: 2 xícaras de chá ou até quase cobrir
- Mix de gergelim: 1 colher de sopa

PREPARO

- Descasque a abóbora, a cenoura e a mandioquinha e pique-as em pedaços pequenos.

- Em uma panela, coloque o azeite e o alho e refogue-os rapidamente; acrescente os legumes, a água ou o caldo e o sal. Deixe cozinhar em fogo baixo até que estejam bem macios. Se achar necessário, coloque um pouco mais de líquido.

- Amasse com um garfo ou, se quiser mais liso, bata com um mixer ou liquidificador. Torre rapidamente o gergelim em uma frigideira e coloque-o sobre o purê na hora de servir.

purê de batata-doce com alho assado e alecrim

2 porções

INGREDIENTES

- Batata-doce: 1 unidade grande
- Alho: 1 cabeça
- Azeite: ½ xícara de café
- Alecrim: 2 ramos
- Pimenta-do-reino: 1 pitada
- Sal: ½ colher de chá
- Água ou caldo de vegetais *(receita na página 58)*: 1 ½ xícara de chá ou até quase cobrir

FUNCIONAL

Abóbora e cenoura: Ricas em fibras, vitamina A e carotenoides. Ajudam no funcionamento do intestino, protegem a visão e a pele e são diuréticas.
Mandioquinha: rica em betacaroteno. Tem índice glicêmico médio (menor do que o da batata-inglesa, portanto, mais benéfica na manutenção do peso).
Batata-doce: muito rica em vitaminas A, E e C, que auxiliam na melhoria da imunidade.

PREPARO

- Em uma assadeira, coloque os dentes de alho com casca, o azeite, 1 ramo de alecrim e uma pitada de pimenta-do-reino. Leve ao forno preaquecido a 200°C e deixe que assem por cerca de 15 minutos ou até que estejam macios por dentro. Reserve.

- Descasque a batata-doce, pique-a em pedaços pequenos e leve para cozinhar com o sal, a água (ou o caldo) em fogo baixo até que os pedaços estejam bem macios. Se necessário, acrescente mais caldo para que termine de cozinhar.

- Amasse com um garfo ou, se quiser mais liso, bata com um mixer ou processador. Sirva com alguns dentes de alho por cima e o ramo de alecrim.

Essas receitas foram elaboradas para mostrar que podemos fazer vários tipos de purês, misturando vegetais e tubérculos, sementes e temperos, sem precisar usar leite, manteiga ou requeijão para ficar gostoso!
Interessante preparar para as crianças, pois é uma forma gostosa e diferente de comer vegetais e tubérculos.

tilápia com crosta de quinoa

2 porções

INGREDIENTES

- Filé de tilápia: 400g
- Tempero de alho *(receita na página 50)*: ½ colher de chá
- Sal: a gosto
- Pimenta: a gosto
- Raspas de limão-siciliano: a gosto
- Ervas: 1 colher de chá
- Quinoa: ½ xícara de chá
- Clara de ovo: 1 unidade
- Azeite

PREPARO

- Tempere os filés de tilápia com alho, pimenta, ervas, raspas de limão e sal. Deixe no tempero por 10 minutos.

- Cozinhe a quinoa por aproximadamente 15 minutos; escorra bem e reserve.

- Passe a clara de ovo em um dos lados do filé e, em seguida, coloque sobre a quinoa, apertando bem para formar a crosta.

- Aqueça uma frigideira, coloque 1 fio do azeite e, em seguida, os filés com a crosta virada para baixo; deixe em fogo médio até que esteja dourada. Depois, vire e deixe que doure o outro lado. Sirva imediatamente; se preferir, sirva com algum molho de acompanhamento.

Mais uma preparação diferente com a quinoa! Vai deixar o peixe mais nutritivo e gostoso.

moqueca caipira

2 porções

INGREDIENTES

- Peixe (de sua preferência): 400g
- Tempero de alho *(receita na página 50)*: 1 colher de sobremesa
- Sal: a gosto
- Pimenta: a gosto
- Óleo de coco: 1 colher de sopa
- Açafrão: ½ colher de sobremesa
- Cebola: 1 unidade grande
- Tomate: 2 unidades grandes
- Pimentão vermelho: 1 unidade
- Pimentão amarelo: ½ unidade
- Louro: 1 folha
- Coentro: a gosto
- Salsinha: a gosto

PREPARO

- Tempere o peixe com um pouco de alho, sal e pimenta. Deixe descansar por 15 minutos.

- Corte a cebola, os tomates e os pimentões em rodelas de aproximadamente 1,5cm.

- Coloque o óleo de coco em uma panela e refogue um pouco o restante do alho e o açafrão. Comece a montar camadas: faça um fundo com rodelas de tomate, coloque pedaços de peixe, cebola, pimentão, e assim por diante. Coloque o louro, tampe a panela e deixe em fogo baixo.

- Cozinhe por aproximadamente 15 a 20 minutos. Quando estiver cozido, finalize com salsinha e coentro picadinhos.

FUNCIONAL

Peixe: rico em proteína e de fácil digestão. É fonte de magnésio e fósforo.
Açafrão: tem substâncias antioxidantes e antimicrobianas.
Pimentões: ricos em vitaminas A, C, B1, B5, potássio, fósforo e cálcio. Têm ácidos fenólicos, que inibem a formação de substâncias cancerígenas.

Leve e saborosa.
Fácil e rápida.
Perfeita para um domingo de almoço com a família.

marmalades

MÓDULO TRÊS

lanches funcionais

pensar no que fazer de lanche e ainda variar durante a semana pode ser um desafio.

É sempre bom reforçar a importância de fazer lanches mais rápidos de 3 em 3 horas, pois se ficarmos mais do que esse tempo sem nos alimentar, nosso corpo começa a liberar mais hormônio do estresse (cortisol) para garantir suprimento de glicose para o cérebro e para nossas funções básicas. Esse processo pode levar à perda de massa magra e a um maior depósito de gordura.

A correria do dia a dia ainda oferece um desafio a mais: a logística de preparar um lanche saudável e levá-lo ao trabalho. Apesar disso, os benefícios de praticar esse hábito são infinitamente maiores. Ficar sem lanchar pode desacelerar o metabolismo, aumentar suas chances de armazenar gordura e, ainda, aumentar a compulsão no final do dia. Não levar o lanche para o trabalho ou não ter os ingredientes corretos para um lanche saudável em casa pode significar comer o que aparecer na frente, o que, na maioria das vezes, pode não ser a opção mais saudável.

Variar o jantar pode ser também um problema para muitos. O cansaço geralmente é a desculpa para pedir comida fora ou comprar um lanchinho na padaria. É hábito de muitos comer apenas um pãozinho com muçarela e presunto ou uma rosquinha com café e leite como jantar. Esses são exemplos de jantares pobres em nutrientes e ricos em calorias, que podem prejudicar o corpo com o fator inflamatório da farinha branca e do leite, já comentados anteriormente.

Pensando nessas questões, oferecemos neste livro possibilidades saudáveis e variadas de lanches entre as principais refeições e de jantares funcionais e rápidos.

Organizar a logística da semana, selecionando e comprando os itens necessários para se fazer lanches e jantares funcionais, ajudará você a manter os bons hábitos, evitando a compulsão e os excessos. Tenha esse cuidado com você mesmo.

Sopa

smoothie verde com matchá

2 porções

INGREDIENTES

- Kiwi: 2 unidades médias
- Abacaxi e uva verde sem semente: 2 xícaras de chá
- Matchá (pó): 2 colheres de chá cheias
- Hortelã: a gosto
- Água de coco ou água: 500ml

PREPARO

- Descasque o kiwi e o abacaxi e pique em pedaços pequenos. Congele.

- Leve ao liquidificador as frutas congeladas, a água de coco, a hortelã e o matchá. Bata bem e sirva gelado.

smoothie de mamão, maracujá, morango e linhaça

2 porções

INGREDIENTES

- Leite de amêndoas: 350ml
- Mamão: 1 xícara de chá
- Morango: 2 xícaras de chá
- Maracujá: 1 unidade
- Farinha de linhaça dourada: 1 colher de sopa cheia

PREPARO

- Leve todas as frutas ao congelador. Quando estiverem congeladas, bata no liquidificador com o leite de amêndoas e a farinha de linhaça. Sirva bem gelado.

leite de amêndoas

aproximadamente 600ml

INGREDIENTES

- 1 xícara grande de amêndoas cruas e sem sal
- 3 xícaras de água

PREPARO

- Deixe as amêndoas de molho em água filtrada por, no mínimo, 4 horas. Descarte a água e coloque-as no liquidificador com as 3 xícaras de água. Bata bem. Coe e sirva gelado.

- Reserve o bagaço que sobrou ao coar e prepare o queijo de amêndoas *(receita na página 88).*

FUNCIONAL

Kiwi: contém altas quantidades de vitamina C, que fortalece o sistema imunológico. Seus altos níveis de potássio ajudam a manter os eletrólitos equilibrados, ajudando a controlar a pressão arterial. Tem baixo índice glicêmico e fibras, o que evita o pico de insulina, diminui o depósito de gordura e ajuda a eliminar toxinas.

Abacaxi: ótima fonte de vitamina C, potássio e manganês. É estimulante digestivo.

Uva verde: rica em carboidratos e fibras (casca), contém menos açúcar do que as roxas; rica em potássio, vitaminas K e B1. Ajuda no bom funcionamento do intestino, na saúde dos ossos e na circulação.

Matchá: é o chá-verde (*Camelia sinensis*) moído ou em pó, derivado de um processo japonês. Usado em cerimônias do chá no Japão e para colorir alimento. É riquíssimo em catequinas (epigalocatequinas) — antioxidantes que aumentam a imunidade. É diurético, aumenta o metabolismo e é sacietógeno (estimula a produção do hormônio que sinaliza saciedade ao cérebro).

Morango: rico em vitamina C, auxilia na cicatrização e aumenta a imunidade. É sempre melhor consumir na estação.

Mamão: fonte de vitaminas A, C e complexo B, ferro e cálcio. Ajuda no trânsito intestinal e no processo de digestão.

Maracujá: rico em vitamina C, potássio e magnésio.

Leite de amêndoas: ótimo substituto do leite de vaca. Não tem lactose nem colesterol.

Linhaça: fonte de magnésio, fósforo, manganês, selênio e vitamina B1. Rica em ômega 3 e fibra (anti-inflamatória e benéfica ao intestino).

O smoothie é um lanche completo, rico em fibras, vitaminas, minerais e proteína vegetal. Tome um copo duplo à tarde ou coloque em uma garrafa térmica e leve para o trabalho.

barra de cereais

6 unidades pequenas

INGREDIENTES

- Aveia em flocos finos ou prensada: 1 xícara de chá
- Crispy de arroz: 1 xícara de chá
- Castanhas variadas picadas (amêndoas, nozes, castanha-de-caju e castanha-do-pará): 1 xícara de chá
- Sementes variadas (gergelim, abóbora, girassol): ½ xícara de chá
- Banana-prata: 1 ½ unidade
- Cacau em pó: 1 colher de sobremesa
- Canela em pó: 1 colher de sobremesa
- Raspas de laranja: a gosto
- Óleo de coco: 1 ½ colher de sopa
- Melado ou mel: 2 colheres de sopa ou 1 colher de sopa de melado e 1 de açúcar mascavo
- Goji berry e uva-passa: 1 xícara de café

PREPARO

- Em uma tigela, amasse a banana; acrescente os cereais, as castanhas e as sementes. Coloque o cacau, as raspas de laranja, a canela e as frutas secas.

- Acrescente o óleo de coco e o melado e misture bem para que todos os ingredientes fiquem envolvidos.

- Unte um tabuleiro pequeno com óleo de coco e acrescente a mistura. Com a ajuda das mãos umedecidas, vá apertando levemente até que cubra a forma (importante não deixar muito fina para que não resseque e quebre). Leve ao forno preaquecido, de 160°C a 180°C, por aproximadamente 30 minutos. Retire do forno e deixe esfriar naturalmente ou leve à geladeira por 30 minutos.

- Corte no formato desejado e armazene em potes herméticos.

FUNCIONAL

Aveia: rica em fibra solúvel, que ajuda a diminuir a absorção de açúcar e gordura no nosso intestino. Essa fibra (betaglucana) ajuda a diminuir o colesterol sanguíneo, a reduzir a pressão arterial e a controlar o diabetes. Ajuda, ainda, na regulação do trânsito intestinal. Contém zinco, que auxilia na diminuição de acnes e melhora o sistema imunológico, e boro, um mineral importante para a saúde dos ossos.
Castanhas: ricas em proteínas, fibras, vitamina E, selênio, zinco, cobre e magnésio. A maior parte da gordura presente nas oleaginosas é de boa qualidade (ômega 3, 6 e 9), essencial para o bom funcionamento do organismo, auxiliando na redução do colesterol sanguíneo e também do colesterol ruim (LDL). Ricas em aminoácidos, principalmente arginina (vasodilatadora), são importantes para a recuperação e o anabolismo muscular.
Sementes variadas (gergelim, abóbora, girassol): são ricas em magnésio, cálcio e fibras.
Banana: rica em fibras, potássio, magnésio e triptofano. Regula o intestino, previne câibras e produz bem-estar físico e mental.
Cacau em pó: rico em catequinas e epicatequinas (alto poder antioxidante, que neutraliza danos celulares, sendo anticancerígeno), fonte de cafeína que estimula o cérebro e aumenta a produção de serotonina, combatendo a ansiedade e a depressão.
Canela em pó: ajuda na digestão e a equilibrar os níveis de açúcar no sangue.
Goji berry: rica em aminoácidos (ajuda na formação de proteínas e, portanto, recupera os músculos e reforça o sistema imunológico); rica em antioxidantes que previnem o câncer, as inflamações e o envelhecimento, e em polissacarídeos que controlam a glicose no sangue.
Uva-passa: rica em vitaminas do complexo B, potássio, cálcio e ferro.

A barrinha de cereais é uma das primeiras opções que vêm à cabeça quando se fala em lanches. Infelizmente, nem sempre achamos produtos de boa qualidade para comprar. Elas podem conter açúcar ou adoçante demais, soja, glúten e gordura hidrogenada. Que tal fazer uma barrinha saudável, com um mix de castanhas, sementes e frutas secas que te agradam?

Nem precisa adoçar, pois a banana faz esse papel. Tente nossa sugestão ou crie a sua versão.

bolo de milho com canela e chia

4 unidades individuais ou 1 bolo pequeno

INGREDIENTES

- Espiga de milho: 2 unidades
- Fubá: 2 colheres de sopa
- Farinha de arroz integral: 2 colheres de sopa
- Leite de coco natural: 5 colheres de sopa
- Óleo de coco: 3 colheres de sopa
- Ovo: 1 unidade
- Xarope de agave: 2 colheres de sopa
- Fermento em pó: ½ colher de sopa
- Sal: 1 pitada
- Canela: a gosto
- Semente de chia: 2 colheres de sopa

leite de coco

aproximadamente 400ml

INGREDIENTES

- Polpa de coco: 1 xícara grande
- Água de coco: 1 copo (200ml)

PREPARO

- Bata a polpa com a água. Coe.

ATENÇÃO

Não exagere! É mais prudente fazer a versão individual, pois isso diminui a tentação de pegar sempre um pedacinho quando passar por ele na cozinha.

PREPARO

- Leve o milho para cozinhar. Deixe até que mude de cor (aproximadamente 6 minutos). Escorra, deixe esfriar e retire os grãos com uma faca.

- No liquidificador, coloque o ovo, o xarope de agave, o óleo de coco, o leite de coco e o milho e bata até que o milho esteja triturado (se gostar de alguns pedacinhos, bata menos).

- Em uma tigela, coloque o fubá, a farinha de arroz, a canela e a chia. Acrescente o creme do liquidificador, misture bem e coloque, por fim, uma pitada de sal e o fermento.

- Unte 4 xícaras de chá com um pouquinho de óleo de coco e coloque a massa do bolo até um pouco mais da metade da xícara. Leve ao micro-ondas por aproximadamente 1min30s (nessa hora, é bom testar o tempo, pois cada aparelho tem uma potência). Se necessário, deixe por mais alguns segundos até que esteja no ponto. Polvilhe mais canela, se gostar.

Obs.: esse bolo também pode ir ao forno e assa rápido em pequenas porções. Faça o teste do palito para verificar: se ao espetar sair massa no palito, basta deixar por mais alguns minutos.

FUNCIONAL

Milho: boa fonte vegetal de proteínas e ácidos graxos insaturados. Rico em fibras, potássio e vitaminas do complexo B.

Xarope de agave: adoçante natural, com índice glicêmico mais baixo que o do açúcar.

Leite de coco e óleo de coco: contêm potássio (diurético) e ácido láurico (antiviral natural). Estimulam a oxidação dos ácidos graxos (gorduras) e ajudam a aumentar o HDL (colesterol bom). Aumentam a saciedade, e o óleo de coco ainda é termogênico.

Foi pensando nos amantes de quitanda que desenvolvemos esse bolinho funcional, sem glúten e sem açúcar. É um perfeito acompanhamento para um cafezinho ou um chá da tarde. Fizemos de maneira que o índice glicêmico fique mais baixo, pois assim dificulta mais a entrada de glicose no sangue.

panqueca de banana, aveia e cacau

2 unidades médias ou 4 pequenas

INGREDIENTES

- Banana-prata ou banana-nanica (madura): 1 unidade
- Aveia em flocos finos: 1 colher de sopa
- Farinha de linhaça dourada: 1 colher de sopa
- Ovo: 1 unidade
- Cacau em pó: 1 colher de chá
- Fermento em pó: 1 colher de café

PREPARO

- Bata todos os ingredientes no liquidificador, exceto o fermento em pó. Depois de tudo batido, acrescente o fermento e misture rapidamente.

- Aqueça uma frigideira e unte levemente com óleo de coco; acrescente um pouco da massa e deixe em fogo baixo até que comece a se soltar; vire e deixe que doure mais um pouco do outro lado.

- Sirva com melado ou mel e frutas de sua preferência, se desejar.

Obs.: para quem sente desconforto com o fermento, basta retirá-lo. Seu papel é tornar a panqueca mais fofinha, portanto, não é essencial.

Para os que preferem um doce como lanche, essa panqueca segura a vontade de comer açúcar, é nutritiva e funcional. Fica gostosa quentinha ou fria, por isso, coloque na lancheira e leve para o trabalho.

sopa de beterraba com zestes de limão

4 porções

INGREDIENTES

- Beterraba ralada: 3 unidades grandes
- Cenoura ralada: ½ unidade
- Cebola em cubinhos: 1 unidade média
- Azeite: 1 colher de sopa
- Suco de limão: 2 colheres de sopa ou mais, se gostar de acidez
- Pimenta-do-reino: a gosto
- Tomilho ou endro: a gosto
- Caldo de vegetais *(receita na página 58)*: de 600ml a 800ml (colocar aos poucos)
- Raspas de limão-siciliano: a gosto
- Iogurte sem lactose: opcional (para finalizar)
- Sal: a gosto

PREPARO

- Coloque o azeite em uma panela e leve a cebola para refogar até que esteja translúcida. Acrescente a beterraba e a cenoura e refogue por 2 minutos. Junte o caldo de legumes, o tomilho e a pimenta-do-reino, se desejar.
- Cozinhe bem os legumes e, se necessário, vá colocando o caldo (não coloque muito, para que no final não sobre líquido demais, pois queremos uma sopa mais densa). Leve ao liquidificador e bata bem.
- Tempere com suco e raspas de limão e acerte o sal. Sirva com um fio de iogurte, se desejar, e endro picadinho.

Obs.: uma dica é acrescentar 1 colher de chá de chia no final da preparação para diminuir o índice glicêmico.

FUNCIONAL

Beterraba: rica em acido fólico, potássio, ferro e silício. Interessante para o desenvolvimento dos ossos e ajuda a prevenir a anemia.

Iogurte sem lactose: fonte de cálcio, ajuda no relaxamento da musculatura, auxiliando nas cólicas e na insônia. Importante para a densidade óssea, ajudando a prevenir a osteoporose.

O iogurte sem lactose pode ser consumido pelos intolerantes a lactose, mas não pelos alérgicos a proteína do leite. É uma ótima fonte de proteína, que garante maior saciedade e segura a compulsão. Fonte de probióticos que ajudam na saúde intestinal.

Sabe aquele horário em que você chega em casa do trabalho morrendo de fome e come o que aparece primeiro?
Essa sopinha pode ser uma ótima opção nesse horário (uma canequinha pequena) ou como jantar (um prato fundo).
Deixe pronta na geladeira.
A beterraba e a cenoura têm muitos nutrientes e são eficientes em recuperar a energia após um dia de trabalho.
Pode tomar quente ou fria, mas experimente tomá-la fria!
É surpreendentemente gostosa!

Sopa

sanduíches ou brusquetas especiais

Bases para sanduíches

INGREDIENTES

- Pão sem glúten: corte quadradinhos e, se desejar, leve ao forno para tostar
- Tomate: corte em rodelas médias
- Palmito pupunha fresco: corte em rodelas finas e cozinhe por 3 a 5 minutos em água com um pouco de açafrão
- Maçã verde: corte em fatias finas

SUGESTÕES DE RECHEIOS:

- Salmão com tofu e gergelim: corte o salmão em cubinhos bem pequenos e misture com maionese de tofu, gergelim, cebolinha e acerte o sal; se desejar, grelhe o salmão rapidamente. Esse recheio combina muito bem com maçã verde.

- Tofu batido com pesto de manjericão ou ervas: bata em um processador ou liquidificador o tofu com o pesto e acerte o sal. Esse recheio vai muito bem com tomate.

- Cottage sem lactose com sementes e cebolinha: misture cottage com gergelim, semente de girassol, chia, cebolinha e tempere com azeite, sal e, se gostar, um toque de alho. Esse recheio vai bem com qualquer base, pois é bem suave.

- Pasta de ovos, cenoura e salsinha: cozinhe um ovo, amasse-o com um fio de azeite, acrescente salsinha, cenoura e, se quiser, misture 1 colher de chá de maionese de tofu. Depois, acerte o sal. Fica uma delícia com torradinha de pão.

- Queijo de amêndoas. Vai bem com pupunha.

maionese de tofu

aproximadamente 1 pote de 250g

INGREDIENTES

- Tofu: 1 xícara de chá
- Suco de limão-siciliano: 1 unidade
- Azeite: 2 colheres de sopa
- Alho: ½ dente ou menos, se preferir mais fraco

PREPARO

- Bata todos os ingredientes no processador ou liquidificador até que forme uma maionese.

queijo de amêndoas

INGREDIENTES

- Bagaço que sobrou do leite de amêndoas *(receita na página 78)*: 2 colheres de sopa
- Tomate picado: 1 colher de sopa
- Coentro ou salsinha: 1 colher de sopa
- Limão: a gosto
- Azeite: 1 colher de chá
- Sal a gosto
- Pimenta-vermelha picada sem semente: a gosto

PREPARO

- Misture todos os ingredientes.

FUNCIONAL

Salsinha: rica em vitamina C e é cicatrizante (principalmente do estômago); antifúngica.
Castanhas: têm gordura do bem, que ajuda a prevenir doenças cardiovasculares; auxiliam no controle da pressão arterial por causa do potássio e têm proteína vegetal e fibras, que ajudam na saciedade e na saúde dos ossos. Elas atuam no controle da glicemia (manganês e vitaminas do complexo B), são anticancerígenas (selênio) e ajudam na melhoria da função cerebral (vitamina E).
Alho e manjericão: mo Módulo 2, já falei um pouquinho deles. Volte lá para conferir as excelentes funcionalidades desses alimentos.

Quando peço a alguns pacientes para retirar o glúten, o leite e os derivados, muitos me perguntam: como vou ficar sem meu sanduíche? Não precisa ficar sem, é só criar outras maneiras de fazê-lo.

Aqui oferecemos opções leves e gostosas. Se preferir com pão, hoje há várias opções saudáveis de pão sem glúten no mercado, ou faça o seu em casa. A ideia é variar sempre. Enriqueça o sanduíche com folhas picadinhas (alface, rúcula, agrião) ou brotos.

gelatina de chia

2 porções médias ou 4 pequenas

INGREDIENTES

- Semente de chia: 2 colheres de sopa
- Leite de coco natural *(receita na página 82)*: 300ml
- Pera: 1 unidade
- Canela em pó: a gosto

PREPARO

- Misture a semente de chia com o leite e deixe na geladeira por cerca de 2 horas ou até que atinja consistência de gelatina (não tão consistente). Pique a pera, coloque por cima e polvilhe a canela. Pode fazer com outros leites vegetais e colocar as frutas que desejar. Sirva gelado.

Obs.: se quiser adoçar, coloque um pouco de melado. Para um sabor ainda mais especial, aromatize com baunilha fresca.

FUNCIONAL

Leite de coco: rico em fósforo e potássio. É fonte de gordura saturada composta de ácidos graxos que não ficam estocados nas células, sendo rapidamente transformados em energia.
Pera: rica em B1, ferro, fósforo e cálcio. É fonte de pectina, que estimula a atividade intestinal.
Canela: fonte de manganês, ferro e cálcio. Ajuda a reduzir a glicose no sangue e, portanto, previne o depósito de gordura.
Semente de chia: é rica em ômega 3, cálcio, magnésio, manganês, fósforo, proteínas vegetais, fibras e é antioxidante.

Preparação mais fácil que essa não existe! E melhor: é gostosa demais e dá muita saciedade. Ótima opção para o lanche da tarde ou para aquele horário de maior compulsão no final do dia.

pastel de batata-doce com palmito e alho-poró

de 20 a 25 unidades pequenas

INGREDIENTES

- Batata-doce: 1 unidade média
- Farinha de arroz integral: 1 ½ xícara de chá
- Polvilho doce: ½ xícara de chá
- Ovo: 2 unidades
- Semente de chia: 2 colheres de sopa
- Fermento em pó: 1 colher de sobremesa rasa
- Azeite: 2 colheres de sopa
- Palmito pupunha fresco: 1 tolete
- Alho-poró: 2 talos
- Tomate sem semente: 2 unidades
- Açafrão: 1 colher de café
- Ervas (tomilho, salsinha e cebolinha): a gosto
- Tempero de alho *(receita na página 50)*: 1 colher de chá
- Cebola: ½ unidade média
- Sal: a gosto
- Tofu: 2 colheres de sopa
- Pimenta: a gosto

FUNCIONAL

Farinha de arroz integral: mesmas propriedades do arroz integral. Ótimo substituto para a farinha de trigo. Não tem glúten, é menos inflamatória do que a farinha de trigo e tem gosto suave.
Alho-poró: rico em vitaminas A, B, C, potássio e fibras. Diurético e ajuda a diminuir os cálculos renais.

PREPARO

- Cozinhe a batata-doce, com ou sem casca, no vapor, para que não absorva muita água e não perca nutrientes. Quando estiver cozida, retire a casca, se for o caso, amasse-a bem (se não conseguir deixá-la lisinha, leve ao liquidificador ou passe pela peneira) e deixe esfriar.

- Em uma vasilha, coloque a batata, os ovos, o azeite, a chia e misture bem. Coloque as farinhas aos poucos, o fermento e acerte o sal. Amasse para dar o ponto (ao fazer uma massa, é importante que você sempre coloque as farinhas aos poucos, pois, dependendo da umidade da sua massa ou mesmo do ambiente, você poderá precisar de mais ou menos quantidade delas) e leve à geladeira por 20 minutos, para que fique mais fácil de trabalhar. ATENÇÃO: essa é uma massa mais grudenta, portanto, não se assuste se achar que está mole demais. Faça um teste com uma bolinha e veja se consegue moldar o seu pastel.

- Corte a cebola, o palmito e o tomate em cubinhos. Corte o alho-poró em rodelas finas. Em uma panela, coloque um pouco de azeite e refogue a cebola e o alho; quando estiverem levemente dourados, acrescente o tomate, o açafrão, o palmito e o alho-poró. Coloque ervas e pimenta, se desejar, e deixe até que o palmito esteja cozido e não tenha excesso de líquido. Finalize com tofu para dar um pouco mais de cremosidade.

- Pegue um pedaço da massa e abra entre 2 plásticos com a ajuda de um rolo ou com a mão, se preferir (se necessário, coloque um pouco de farinha no local de trabalho). Corte com a ajuda de cortador ou, se não tiver um, utilize a boca de uma xícara de chá.

- Coloque um pouco de recheio dentro de cada disco e feche. Pincele o ovo e salpique gergelim, ervas secas, chia ou alguma castanha, se desejar. Unte um tabuleiro e leve ao forno preaquecido a 200°C por cerca de 20 minutos.

Obs.: existem várias possibilidades de recheio para seu pastel, assim como é possível trocar a batata-doce por aipim ou inhame, sendo necessário apenas que você teste a massa com a farinha aos poucos, pois cada ingrediente tem uma quantidade de água e, portanto, exige mais ou menos quantidade de farinha.

sushi de arroz-cateto integral

16 unidades

INGREDIENTES

- Nori (alga para sushi): 2 folhas
- Arroz-cateto integral: 1 xícara de chá
- Vinagre de arroz: ¼ xícara de chá
- Açúcar demerara: 1 colher de sobremesa
- Água: 3 xícaras de chá (se necessário, coloque mais depois)
- Sal: a gosto
- Tiras de salmão: 100g
- Maionese de tofu *(receita na página 88)*: a gosto
- Manga: ½ unidade em tiras compridas
- Gergelim: 2 colheres de sopa

FUNCIONAL

Alga: fonte de silício, iodo e vitamina B12, favorece a síntese de colágeno e a saciedade e ajuda a prevenir o hipotireoidismo.

Essa é uma versão mais funcional dos amados sushis. Arroz integral no lugar de arroz branco e menos açúcar na preparação. Gostoso para fazer com a família ou com os amigos. Diversão na certa!

PREPARO

- Leve o arroz para cozinhar com a água, o sal e o açúcar por aproximadamente 40 minutos (se quiser acelerar o processo, cozinhe na panela de pressão pela metade do tempo. É importante conferir o cozimento, pois o tempo pode variar conforme a marca do arroz).

- Quando estiver bem cozido, desligue o fogo e, se ainda restar algum líquido, escorra o excesso. Acrescente o vinagre e misture com um garfo, fazendo movimentos de vaivém. Tampe com um pano úmido e deixe descansar por cerca de 15 minutos.

- Coloque uma folha de alga sobre uma esteira própria para sushi, com a parte fosca virada para cima e acrescente o arroz (umedeça as pontas dos dedos para ajudar a espalhar), esparramando até quase cobrir a folha. Deixe de um a dois dedos, aproximadamente, na parte de cima sem colocar arroz.

- Coloque o recheio que desejar até um pouco mais da metade e comece a enrolar o seu sushi, sempre pressionando a cada giro. Corte com uma faca bem afiada ou levemente umedecida, primeiro ao meio, depois cada metade ao meio novamente, e assim até obter 8 rolls. Sirva imediatamente para que não perca a textura da alga. Outra sugestão de recheio seria o pepino e a cenoura.

ATENÇÃO

Geralmente, comida japonesa é associada a algo leve e saudável. Cuidado, pois não é bem assim. É fácil comer muitos bolinhos de arroz de uma vez e, normalmente, no jantar. Lembre-se de que o índice glicêmico do arroz branco é alto e que leva muito açúcar na preparação, além de muito sódio e de haver glutamato no molho shoyu, o que contribui com o depósito de gordura, inchaço e a sobrecarga hepática. Prefira trocar pelo arroz integral e utilizar um molho shoyu com menos sódio e livre de glutamato monossódico.

wrap de couve com pasta de frango, cenoura e beterraba

2 porções

INGREDIENTES

- Folha de couve: 2 unidades médias
- Frango cozido: 2 xícaras de chá
- Maionese de tofu *(receita na página 88)*: ½ xícara de chá ou mais, se desejar mais umidade
- Cenoura ralada: 2 unidades pequenas
- Beterraba ralada: ½ unidade média
- Tomate em cubos sem semente: 1 xícara de chá
- Pesto de ervas *(receita na página 30)*: a gosto

FUNCIONAL

Couve: fonte de vitaminas C, A, complexo B, ácido fólico, manganês, cálcio, potássio, magnésio, triptofano e fibras. Além disso, contém antioxidantes que ajudam a desintoxicar o corpo. Ótima opção para substituir panquecas feitas com farinhas.

PREPARO

- Retire o excesso de talo da couve. Você pode branqueá-la colocando-a em água fervente por 5 segundos, dando choque térmico com água gelada, ou mesmo deixando-a de molho em um pouco de água com limão e sal por alguns minutinhos, para que fique mais maleável.

- Faça uma pasta com o frango cozido e a maionese de tofu.

- Coloque a folha de couve sobre uma tábua e comece colocando o patê, a cenoura e a beterraba raladas, o tomate picado e finalize com o pesto. Enrole, apertando e fechando as laterais para que, na hora de fatiar, o recheio não vaze. Corte ao meio ou, se desejar, em rodelas, como sushi.

Você também pode usar a criatividade e inventar diversas combinações: pode trocar a couve por acelga, repolho ou outra folha de sua preferência.

omelete de forno com legumes

6 unidades pequenas

INGREDIENTES

- Ovos: 4 unidades
- Cenoura: 1 unidade grande
- Tempero de alho *(receita na página 50)*: ½ colher de chá
- Legumes variados (couve, ervilha, vagem): 2 xícaras de chá
- Sal: a gosto
- Ervas (tomilho e salsinha): a gosto
- Azeite: suficiente para untar

PREPARO

- Descasque e cozinhe a cenoura e o legume, no vapor, até que estejam macios.

- Bata a cenoura, os ovos, o alho e o sal no liquidificador até que forme uma mistura homogênea e comece a espumar. Coloque em uma vasilha e misture as ervas e o restante dos legumes. Unte forminhas de muffins individuais ou mesmo uma forma única média e preencha, deixando um espaço de um dedo para que a omelete cresça.

- Leve ao forno preaquecido, de 180°C a 200°C, por aproximadamente 10 a 20 minutos — o tempo dependerá do tamanho da sua omelete (na dúvida, espete um palito para ver se está cozido).

Obs.: você pode fazer sua omelete com diferentes combinações a cada vez. Bata com folhas verdes e obtenha uma nova omelete ou mesmo acrescente sementes como chia, linhaça e enriqueça-a ainda mais.

Sabe aquele dia corrido em que não dá tempo de comprar ingredientes para o jantar? Sempre tem ovo e alguns vegetais na geladeira, não é verdade? Você só precisa disso para fazer um jantar prático, leve e funcional.

MÓDULO QUATRO

aperitivos funcionais

este módulo é para inspirar o seu fim de semana.

De maneira geral, o brasileiro é festeiro. São muitas reuniões em casa ou na casa de amigos, regadas a cerveja, vinho e muitos aperitivos.

Temos o hábito de servir mais tarde o almoço ou o jantar quando estamos em uma festa, já perceberam? Os aperitivos são, então, servidos e ingeridos indiscriminadamente. Como nutricionista, confesso que não existe maior disruptor de dieta que o tal aperitivo. Foi por isso que dedicamos um módulo inteiro só para ele.

A ideia é oferecer possibilidades de "aperitivar" com opções funcionais e mais saudáveis para que a "contabilidade" do final de semana feche com menos quilos extras.

Não precisamos radicalizar nem cortar as reuniões com os amigos. Socializar é importante e ajuda a manter nosso equilíbrio emocional. Mas é importante não nos descuidarmos nesse momento. Só queremos oferecer novas possibilidades. Aproveitem!

suco de limão com leite de coco

3 copos

INGREDIENTES

- Polpa de coco: 1 unidade
- Água de coco: 2 copos
- Limão (suco): 2 unidades

PREPARO

- Bata a polpa de coco e a água no liquidificador. Coe para separar o leite do bagaço. Bata o leite de coco coado com o suco do limão. Sirva bem gelado.

Obs.: também fica uma delícia com abacaxi.

Esse drink é de inspiração colombiana. Adaptei uma versão mais funcional com leite de coco natural e sem açúcar.
É uma bebida ótima para quem não bebe álcool ou para servir no início de seu churrasco.

FUNCIONAL

Abacaxi: fonte de vitamina C, potássio e manganês. Diurético, anti-inflamatório natural, ajuda a prevenir a formação de cálculos de ácido úrico nos rins. Tem bromelina, que é um estimulante digestivo capaz de quebrar as proteínas da dieta.
Leite de coco natural: contém potássio (diurético) e ácido láurico (antiviral natural). Estimula a oxidação dos ácidos graxos (gorduras) e ajuda a aumentar o HDL (colesterol bom). Promove a saciedade.

spice nuts

2 xícaras

INGREDIENTES

- Castanhas (nozes, amêndoas, castanha-de-caju, castanha-do-pará): 2 xícaras de chá
- Açúcar mascavo: ½ xícara de chá
- Açafrão em pó: 1 colher de chá
- Páprica picante: 1 colher de chá
- Flor de sal: 1 pitada

PREPARO

- Em uma frigideira antiaderente, coloque o açúcar mascavo, a páprica e o açafrão, misture e acrescente as castanhas. Deixe que o açúcar comece a derreter e misture bem para que forme uma leve crosta nas castanhas. Retire para que termine de secar e finalize com flor de sal.

FUNCIONAL

Açúcar mascavo: mais rico em minerais e vitaminas do que o refinado.
Flor de sal: não tem conservantes e aditivos químicos; é mais rica em vitaminas e minerais.
Páprica: estimula a digestão, acelera o metabolismo, é antioxidante e ativa a circulação.

ATENÇÃO

Cuidado com o açúcar, pois ele derrete e queima rápido, por isso, misture com rapidez.

Essa é uma ótima mistura de aroma e sabores com o benefício das especiarias e das castanhas.

crudités com molhos diversos (dips)

INGREDIENTES

- Salsão: em palitos
- Rabanete: inteiros ou em rodelas
- Endívias: folhas avulsas
- Cenouras: em palitos
- Pepino: em palitos
- Pimentão vermelho ou amarelo: em palitos
- Tomate-uva: inteiros
- Couve-flor: floretes
- Brócolis: floretes

SIRVA ACOMPANHADO DOS MOLHOS:

molho de missô e mel

1 xícara de chá

INGREDIENTES

- Missô: ½ xícara de chá
- Mel: ½ xícara de chá
- Água fervente: ⅓ de xícara de chá

PREPARO

- Bata o missô com a água fervente em um processador ou mixer e, em seguida, acrescente o mel.

Obs.: se preferir um molho mais líquido, acrescente mais água até atingir a textura desejada.

pesto de ervas

Essa receitinha superfuncional já está lá no Módulo 1 (página 30). Volte lá para dar uma olhadinha.

maionese de tofu

Uma delícia que combina com diversos pratos e que está no Módulo 3 (página 88).

FUNCIONAL

Salsão: rico em cálcio, potássio e ácido fólico. Ajuda na excreção do ácido úrico.
Rabanete: rico em fibras, vitamina C, potássio e fósforo. Contém baixas calorias e enzimas que ajudam na digestão de amidos. Antioxidantes interessantes para a visão e proteção contra o câncer.
Endívia: muito rica em fibras e vitamina C. Ótima como antioxidante (por conter selênio) e ajuda a remover as toxinas do organismo.
Cenoura: rica em carotenoides, antioxidantes que protegem nosso material genético e reforçam a imunidade.
Pepino: rico em vitaminas A, B, C e enxofre. Ótimo para hidratar. Diurético, ajuda a eliminar toxinas e os sintomas de gota.
Pimentão: muito rico em betacaroteno e licopeno (antioxidantes e anticancerígenos), riquíssimo em vitamina C.
Tomate: rico em licopeno, ajuda na prevenção ao câncer, principalmente da próstata.
Couve-flor: rica em vitamina C, acido fólico, potássio e cálcio. Ótimo antioxidante e destoxificante do corpo.
Brócolis: um dos mais potentes alimentos funcionais. Contém indóis que previnem o câncer de mama e o de fígado. Rico em clorofila, vitamina C, betacaroteno, ferro, cálcio e magnésio. Ajuda também na prevenção da osteoporose.

Adoro esse molho de missô. Tem um sabor que lembra o tamarindo, o que faz dele um molho muito saboroso e exótico. Fica muito interessante com saladas, peixe e frango.

Sempre temos algum legume desses em casa para servir e salvar aquela reunião de última hora. Aí é só inventar um molho. Fica bonito e faz sucesso. Perfeito para aqueles dias de piscina nos quais o lugar predileto acaba sendo em volta da mesa, beliscando. Pelo menos, é muito saudável, e você não vai sentir aquele inchaço no fim do dia.

carpaccio de maçã verde com pesto de rúcula

4 porções

INGREDIENTES

- Maçã verde: 2 unidades
- Água gelada: 500ml
- Suco de limão: 2 colheres de sobremesa
- Sal: 1 colher de chá
- Rúcula: ½ maço
- Azeite: 1 xícara de chá
- Alho: ¼ de dente
- Amêndoas: 2 unidades

Essa receita é perfeita para os que estão preocupados em manter a forma. É magrinha e gostosa.

PREPARO

- Lave bem as maçãs e fatie-as finamente em rodelas. Retire as sementes com cuidado. Se preferir, corte a maçã ao meio, retire as sementes e fatie em meia-lua.

- Em uma vasilha, coloque a água gelada, 1 colher do suco de limão e o sal. Deixe as maçãs nessa solução para evitar que escureçam até que termine de montar o prato. Se for servir logo que montar, não é preciso deixar na solução, pois o pesto ajuda a maçã a não escurecer.

- Lave bem a rúcula e seque. Em um processador, bata o alho, o azeite e as amêndoas; quando estiverem triturados, acrescente a rúcula e bata até que se forme um pesto. Finalize com o restante do suco de limão e uma pitada de sal. Em um prato raso, monte as camadas de maçã, sobrepondo-as, e regue com o pesto. Sirva em seguida.

FUNCIONAL

Maçã: rica em fibras e em pectina (fibra solúvel), que ajuda a reduzir a produção de colesterol no fígado e previne doenças do intestino. É rica também em quercetina (ajuda nas alergias e é antioxidante) e ajuda a eliminar as toxinas do corpo.
Rúcula: rica em cálcio, ferro e vitamina C, protege o sistema cardiovascular e aumenta a imunidade.

carpaccio de abobrinha com pesto de hortelã e pinoli

4 porções

INGREDIENTES

- Abobrinha italiana: 1 unidade grande
- Sal: ½ colher de sobremesa
- Hortelã: ½ maço
- Azeite: 1 xícara de chá
- Alho: ¼ dente
- Amêndoas: 2 unidades
- Suco de limão: 1 colher de sopa
- *Pinoli*: 2 colheres de sopa

FUNCIONAL

Abobrinha: rica em vitaminas do complexo B, potássio, cálcio, fósforo e magnésio. Tem muita fibra e muita água, sendo bem interessante para o intestino e para o uso em dietas, pois sacia a fome e tem baixa caloria. *Pinoli*: gordura do bem, rico em vitamina E.

PREPARO

- Fatie as abobrinhas com casca em rodelas finas. Coloque-as em uma peneira e espalhe o sal sobre elas. Deixe por aproximadamente 5 minutos, para que desidratem levemente (devem permanecer crocantes). Enxague bem para retirar o sal.

- Bata o azeite com as amêndoas e o alho até que estejam triturados. Acrescente a hortelã e bata até que fique mais homogêneo. Coloque uma pitada de sal e o suco de limão.

- Leve os *pinoli* a uma frigideira com um fio de azeite ou óleo de coco para dourar.

- Em uma travessa rasa, coloque as rodelas de abobrinha formando círculos, acrescente o pesto de hortelã e finalize com o *pinoli* dourado.

Obs.: se quiser, coloque um pouco de queijo de cabra ralado.

endívias recheadas com salada de grãos e coalhada seca

4 porções

INGREDIENTES

- Endívias: 12 folhas
- Cevadinha: 1 xícara de chá
- Damasco seco: 1 xícara de chá
- Abobrinha: 1 xícara de chá
- Amêndoas: 1 xícara de café
- Azeite: 1 xícara de chá
- Hortelã: 1 ½ xícara de chá
- Suco de limão: 1 colher de sopa
- Sal: a gosto
- Tempero de alho *(receita na página 50)*: 1 colher de chá
- Coalhada seca (pode ser com ou sem lactose): a gosto

Experimente fazer com diferentes recheios.

PREPARO

- Cozinhe a cevadinha conforme instruções da embalagem.

- Pique o damasco em cubos pequenos. Corte a abobrinha ao meio no sentido do comprimento e retire o miolo; pique a abobrinha em cubos pequenos também. Em uma panela, coloque um fio de azeite, refogue o alho um pouco e acrescente a abobrinha; deixe por 1 minuto.

- Lave e seque as folhas de hortelã e bata-as com o azeite no processador até que fiquem bem processadas. Coloque uma pitada de sal e o suco de limão. Reserve.

- Em uma frigideira, doure as amêndoas levemente.

- Em uma tigela, coloque a cevadinha, a abobrinha, o damasco e tempere com azeite de hortelã e sal a gosto. Finalize com amêndoas douradas e deixe esfriar.

- Lave as endívias com cuidado e seque-as. Coloque um pouco da salada de cevada dentro de cada endívia e finalize com um pouco de coalhada seca por cima.

Obs.: Sirva o molho de hortelã à parte.

FUNCIONAL

Damasco: rico em carotenoides (antioxidantes) e fibras.
Cevadinha: rica em niacina (metabolismo energético) e manganês (função antioxidante); ajuda os ossos e a cartilagem.
Coalhada seca: rica em proteína e cálcio, aumenta a saciedade.

ceviche de tilápia

2 porções

INGREDIENTES

- Filé de tilápia fresca: 400g
- Cebola-roxa: 2 unidades médias
- Pimenta dedo-de-moça sem semente: 2 colheres de sopa
- Pimenta-de-cheiro: 1 unidade
- Coentro fresco: a gosto
- Cebolinha: a gosto
- Limão taiti: 5 a 6 unidades
- Sal: a gosto

ATENÇÃO

Cuidado para não deixar o peixe muito tempo no limão antes de servir, pois isso pode cozinhá-lo demais.

PREPARO

- Corte as cebolas em rodelas bem finas, lave-as e coloque-as de molho em água gelada por alguns minutos, para que fiquem mais suaves. Corte as pimentas em cubinhos.

- Corte o peixe em cubos pequenos e tempere-os com o suco de limão, as pimentas e o sal. Misture bem para que absorva os sabores. Acrescente as ervas e a cebola, deixe "curtir" por alguns minutos e sirva em seguida.

Obs.: pode ser servido com fatias finas de maçã verde, batata-doce cozida ou assada e endívias. Teste e escolha uma combinação!

FUNCIONAL

Pimenta: fonte de vitaminas A e C. Anti-inflamatória, descongestionante, libera endorfinas no cérebro e acelera o metabolismo. Tem propriedades anticancerígenas importantes.
Coentro: tem flavonoides antioxidantes e óleos essenciais que ajudam na digestão e têm propriedades bactericidas e fungicidas.
Cebolinha: rica em vitaminas A e C. Tem propriedades bactericidas e ajuda a controlar a pressão arterial.

O ceviche é um prato peruano que caiu no gosto do brasileiro. Pode ser servido como aperitivo ou como entrada.
Perfeito para os dias quentes!

bolinho de tofu assado

aproximadamente 10 unidades

INGREDIENTES

- Tofu: 1 xícara de chá (aprox. 150g)
- Cebola ralada: 1 colher de sopa
- Tempero de alho *(receita na página 50)*: 1 colher de chá
- Cenoura ralada: 1 unidade pequena
- Pimentão vermelho em cubinhos: 1 colher de sopa cheia
- Salsinha: 1 colher de sopa
- Pimenta fresca: 1 colher de chá
- Farinha de arroz ou feijão-branco: 2 colheres de sopa cheias
- Azeite: 1 colher de sobremesa
- Azeitona verde ou alcaparras: 1 colher de sobremesa (opcional/enxágue em água para retirar o excesso de sal)

PREPARO

- Bata o tofu, a cebola e o alho no processador até que formem uma pasta. Retire a mistura e acrescente a cenoura, o pimentão, as ervas, a pimenta, o azeite e dê ponto com a farinha.

- Se quiser, acrescente azeitona ou alcaparras. Passe um pouco de azeite nas mãos e faça bolinhas do tamanho que desejar. Se preferir, passe as bolinhas em algumas farinhas, grãos ou sementes e leve ao forno a 200°C por aproximadamente 15 minutos. Sirva acompanhado de algum pesto ou molho de sua preferência.

- Sugestão para passar as bolinhas: farinha de linhaça dourada, chia, gergelim, quinoa crua.

Bolinho de aperitivo traz aquele clima gostoso, tipo mesa de boteco, não é? Essa versão funcional, cheia de nutrientes e sem fritura é tudo de bom. Dá até para tomar um chopinho a mais.

onion rings

3 porções

INGREDIENTES

- Cebola: 1 unidade grande
- Farinha de feijão-branco: 3 colheres de sopa
- Leite de coco *(receita na página 82)*: 6 colheres de sopa
- Água: 4 colheres de sopa
- Páprica picante: 1 colher de chá
- Ervas: a gosto
- Sal: a gosto
- Farinha de linhaça dourada: 2 xícaras de chá (para fazer, basta bater a linhaça em um liquidificador)

PREPARO

- Descasque a cebola e corte-a em rodelas de aproximadamente 1cm; leve uma panela com água ao fogo e, assim que ferver, coloque as cebolas e deixe por 2 minutos. Escorra e dê um choque térmico. Reserve
- Em uma vasilha, coloque a farinha de feijão, a páprica, as ervas e o sal; acrescente os líquidos e misture bem para dissolver e homogeneizar (se ficar muito grosso, coloque um pouco mais de líquido; é preciso envolver a cebola nesse creme).
- Passe as rodelas de cebola nesse creme e, em seguida, na farinha de linhaça dourada. Coloque em uma forma antiaderente ou unte levemente uma assadeira com óleo de coco e leve ao forno a 200°C por aproximadamente 15 minutos ou até que esteja dourada e crocante.

pasta de macadâmia

2 xícaras de chá

INGREDIENTES

- Macadâmia: 1 xícara de chá
- Água: 2 xícaras de chá
- Azeite: 3 colheres de sopa
- Cebola: 1 colher de sobremesa
- Suco de limão: 2 colheres de sopa
- Pimenta-do-reino: 1 pitada
- Sal: 1 pitada
- Água: ½ xícara de chá

PREPARO

- Deixe a macadâmia de molho em 2 xícaras de água por aproximadamente 2 horas. Depois desse tempo, descarte a água e reserve a macadâmia.
- Em um processador, coloque o restante dos ingredientes, exceto o limão, e bata até que forme uma pasta. Durante o processo, se necessário, coloque um pouco mais de água para ajudar, mas lembre-se de fazer isso aos poucos, para que não fique rala demais.
- Finalize com o suco de limão e a pitada de sal.

Obs.: essa pasta pode ser acrescida de diversos ingredientes, como especiarias e ervas. Use sua imaginação para preparar diferentes pastas a partir dessa base.

FUNCIONAL

Cebola: aumenta a imunidade, fortalece o sistema respiratório e é antialérgica.
Farinha de feijão-branco: muito rica em cálcio e contém uma proteína (faseolamina) que diminui a absorção de glicose no intestino, além de aumentar a saciedade.
Macadâmia: rica em proteína vegetal, cálcio, potássio e gordura monoinsaturada (gordura do bem). Ajuda a reduzir as doenças cardiovasculares e os processos inflamatórios. Tem antioxidantes importantes para combater os radicais livres.
Pimenta-do-reino: rica em capsaicina, que aumenta o metabolismo e tem propriedades anticancerígenas.

Vibrei com essa versão funcional de onion rings! Sempre gostei desse aperitivo, mas o original frito faz mal para meu corpo e minha consciência. Garanto que esse "remake" com farinha sem glúten e sem fritura está à altura no sabor.

batata-doce assada com molho de páprica

4 porções

INGREDIENTES

- Batata-doce: 2 unidades médias
- Sal: 1 colher de chá
- Azeite: 1 colher de sopa
- Alho com casca: 8 dentes
- Ervas: alecrim, tomilho
- Pimenta-do-reino: a gosto
- Pasta de macadâmia *(receita na página 120):* ½ xícara de chá
- Páprica picante: 1 colher de chá
- Água: 1 colher de sopa

PREPARO

- Descasque as batatas e corte-as em rodelas de aproximadamente 1cm a 2cm (se preferir, mais fina ou mais grossa). Leve para cozinhar em água com o sal e, quando levantar fervura, deixe mais 5 minutos e desligue. Escorra e seque bem as batatas. Obs.: também pode ser cozida no vapor.

- Coloque-as em uma forma antiaderente, regue com o azeite, tempere com a pimenta-do-reino, as ervas e os dentes de alho. Leve para assar em forno preaquecido a 250°C por aproximadamente 40 minutos. Vire-as na metade do tempo.

- Coloque um fio de azeite em uma frigideira e aqueça rapidamente a páprica; misture bem a pasta de macadâmia, a páprica e a água, para dar consistência mais leve, ou bata com um processador. Sirva ao lado das batatas.

Quem precisa de batata frita com uma receita dessas? Você tem todos os benefícios da batata-doce (que tem o índice glicêmico menor do que o da batata-inglesa e, portanto, diminui a probabilidade de depósito de gordura) mais os benefícios das ervas e tudo sem os malefícios da fritura. Fica crocante e gostosa.

FUNCIONAL

Alecrim: cheio de excelentes propriedades para o organismo. No Módulo 2, falo um pouquinho sobre ele.
Tomilho: ajuda na digestão e na eliminação de gases.

canapé de tofu com ragu de cogumelos

4 porções

INGREDIENTES

- Tofu: ½ unidade ou aproximadamente 6 fatias
- Cogumelos frescos (shitake, shimeji, paris): 1 ½ xícara de chá
- Azeite: 2 colheres de chá
- Shoyu (sem glúten): 1 colher de chá
- Tempero de alho *(receita na página 50)*: ½ colher de chá
- Gengibre ralado: ½ colher de chá
- Cebolinha: a gosto
- Gergelim: a gosto

FUNCIONAL

Tofu: é rico em proteína vegetal, vitaminas do complexo B, cálcio, cobre, ferro, magnésio, fósforo e zinco. É o que chamamos de "queijo de soja". Por ser coagulado, tem digestão mais fácil do que o grão de soja.
Cogumelos: é ótima fonte proteica, com baixo teor de gordura e de sódio.

PREPARO

- Corte o tofu em cubos de aproximadamente 2cm por 2cm. Leve uma frigideira antiaderente ao fogo. Assim que aquecer, coloque uma colher de chá de azeite e as fatias de tofu. Grelhe rapidamente até que forme uma leve crosta. Reserve.

- Pique os cogumelos em pedaços bem pequenos. Em uma panela, coloque o restante do azeite, o alho e doure rapidamente; acrescente o gengibre, os cogumelos e o shoyu. Refogue bem e, se necessário, pingue um pouco de água, para ajudar a cozinhar.

- Finalize com a cebolinha e, se necessário, corrija o sal. Coloque uma colherzinha de cogumelos sobre o tofu e finalize com gergelim. Sirva em seguida ou, se desejar, leve rapidamente ao forno bem quente, apenas para que aqueça novamente. Finalize com broto de alfafa ou trevo.

Esse aperitivo dá um show de beleza e sabor. O tofu faz as vezes da torradinha, o que diminui a dose de carboidrato. E como o tofu e os cogumelos são magrinhos, mas com muita proteína, seguram bem a fome. Eu o chamo de aperitivo saciedade (dose dupla de proteína).

quadradinhos de frango com gergelim e chutney de manga

4 porções

INGREDIENTES

- Peito de frango: 400g
- Tempero de alho *(receita na página 50)*: 1 colher de chá
- Pimenta-do-reino: a gosto
- Açafrão em pó: 1 colher de café
- Raspas de limão: 1 colher de sobremesa
- Sal: a gosto
- Clara de ovo: 1 unidade
- Gergelim: 1 xícara de chá
- Óleo de coco: suficiente para grelhar
- Manga: 1 unidade
- Canela em pau: 1 unidade
- Anis-estrelado: 1 unidade
- Açúcar demerara ou mascavo: 2 colheres de sopa
- Vinagre claro: 2 colheres de sopa
- Gengibre ralado: 1 colher de sobremesa
- Pimenta dedo-de-moça: 1 colher de chá
- Água: 3 colheres de sopa
- Sal: 1 pitada

Essa é uma opção funcional e sofisticada para o frango à passarinho – ops! Com muita imaginação, a gente consegue fazer a comparação.

PREPARO

- Corte o peito de frango em cubos médios. Tempere-os com o alho, a pimenta-do-reino, as raspas de limão, o açafrão e o sal.

- Coloque o gergelim em um prato raso; passe os cubos de frango na clara, retire o excesso e, em seguida, coloque sobre o gergelim; vire para que cubra todos os lados. Reserve.

- Pique a manga em cubos pequenos; em uma panela, coloque a manga, o açúcar, o gengibre, a pimenta dedo-de-moça picadinha, a canela, o anis, o vinagre e a água. Misture e deixe cozinhar em fogo baixo até que desmanche bem e forme um purê espesso (se necessário, pingue um pouco mais de água). Coloque uma pitada de sal apenas para que realce os sabores.

- Aqueça uma frigideira, coloque um fio de óleo de coco e grelhe aos poucos os cubos de frango; importante não colocar muitos de uma vez, para que não forme água. Deixe que o gergelim doure e o frango cozinhe por dentro. Sirva com o chutney.

Obs.: o frango também pode ser assado; neste caso, leve ao forno a 200°C por aproximadamente 15 minutos (dependerá do tamanho dos seus cubos e da potência do forno).

FUNCIONAL

Anis: estimulante e digestivo.
Canela: imita a ação da insulina e ajuda a equilibrar os níveis de açúcar no sangue.
Manga: rica em potássio, magnésio, vitaminas A, B e C.

rolinho de frango oriental com molho de leite de coco

5 porções

INGREDIENTES

- Folhas de arroz: 10 unidades
- Peito de frango: 300g
- Tempero de alho *(receita na página 50)*: 1 colher de chá
- Gengibre ralado: 1 ½ colher de sobremesa
- Curry: 1 colher de sobremesa
- Pimenta dedo-de-moça sem semente: 1 colher de sobremesa
- Sal: a gosto
- Óleo de coco: 1 colher de sobremesa
- Cebola: ½ unidade pequena
- Cenoura ralada: 1 unidade
- Leite de coco natural *(receita na página 82)*: 200ml
- Talo de erva-cidreira: 2 colheres de sobremesa

FUNCIONAL

Curry: mistura de açafrão, páprica, cominho, pimenta-do-reino, noz-moscada, todos estimulantes do metabolismo. Acelera a detoxificação do corpo, e a combinação gera um potente anticancerígeno.
Óleo de coco: rico em ácido láurico, gordura fácil de queimar, tem fácil digestão, contém antioxidantes, melhora o sistema imunológico e ajuda a combater fungos, como a candidíase.

PREPARO

- Corte o frango em pedaços grandes e tempere-os com alho, 1 colher de gengibre, pimenta, curry e sal; deixe marinar por uns 15 minutos.

- Aqueça uma panela, coloque o óleo de coco e refogue a cebola até começar a dourar. Acrescente o frango e doure bem. Junte a cenoura, coloque um pouco de água e deixe cozinhar em fogo médio por uns 20 minutos ou até que esteja bem cozido. Desfie e reserve.

- Hidrate as folhas de arroz, uma a uma, em uma vasilha coberta com água. Deixe alguns segundos (até que amoleça) e tome cuidado ao retirá-las, pois são bem finas.

- Coloque uma folha hidratada sobre uma tábua e corte ao meio, para fazer 2 rolinhos. Coloque uma colherzinha de recheio em cada metade e enrole como um charuto (faça um canudo, dobre as laterais para dentro e continue enrolando).

- Leve ao forno preaquecido a 200°C em um tabuleiro antiaderente ou untado com um pouco de óleo de coco. Deixe por 15 a 20 minutos ou até que estejam crocantes.

- Para o molho: coloque ½ colher de gengibre, o leite de coco e os talos de cidreira em uma panela e leve ao fogo para reduzir levemente; acerte o sal e sirva à parte com os rolinhos.

Obs.: os rolinhos também podem ser servidos crus ou grelhados em frigideira. A massa tem um aspecto de goma, e quanto mais rápida for consumida, melhor ficará.

Essa é uma receita de inspiração tailandesa. A mistura de doce e salgado, picante e doce, fruta misturada com vegetal e carne traz um resultado incrível. Esse rolinho asiático é sucesso garantido em qualquer reunião. Tem um sabor único e delicioso.

satay de salmão com molho cítrico

aproximadamente 15 unidades

INGREDIENTES

- Salmão: 400g
- Alho: 1 dente
- Gengibre: 1 colher de sopa
- Raspas de limão: 1 colher de sopa
- Coentro em grãos moído: 1 colher de chá
- Shoyu sem glutamato: 1 colher de chá
- Açúcar mascavo: 1 colher de sopa
- Cominho em pó: 1 pitada
- Óleo de coco: 1 colher de sobremesa
- Sal: a gosto
- Palitos de bambu: deixe-os de molho em água por 1 hora para que não queimem quando for grelhar os satays
- Suco de limão-siciliano: 2 colheres de sopa
- Suco de laranja-pera: 3 colheres de sopa
- Raspas de limão e laranja: 2 colheres de sobremesa
- Azeite: 2 xícaras de café
- Sal: a gosto
- Pimenta dedo-de-moça: 1 colher de sobremesa

PREPARO

- Pique ou amasse o alho; em uma vasilha, faça uma marinada com o alho, as especiarias, o gengibre, as raspas de limão, o açúcar, o óleo de coco e o shoyu.

- Corte o salmão em tiras compridas e finas; coloque-o dentro da marinada e deixe descansar na geladeira por aproximadamente 30 minutos. Em seguida, espete cada tira em um palito fazendo um S.

- Preaqueça uma frigideira e grelhe os espetinhos por cerca de 5 minutos ou até que comecem a soltar albumina (uma "espuma" branca que indica o ponto ideal do peixe para que não resseque).

- Para o molho: coloque os sucos e as raspas em um recipiente e emulsione com o azeite; finalize com sal e pimenta dedo-de-moça.

- Sirva os satays com o molho à parte e salpique cebolinha.

FUNCIONAL

Salmão: rico em proteínas e de mais fácil digestão do que as carnes. Possui muito ômega 3, que é anti-inflamatório e ajuda a diminuir colesterol e triglicérides.
Alho: antiviral, antifúngico, diminui triglicérides e colesterol ruim. Previne doenças cardiovasculares, diminui pressão arterial e aumenta a imunidade.
Raspas de limão e laranja: ricas em terpenos, que ajudam na digestão.

Essa receita serve também como entrada. É uma opção que sozinha já satisfaz. No dia a dia, serve como sugestão de jantar acompanhada de uma saladinha.

MÓDULO CINCO

saúde da mulher

várias questões afligem as mulheres em diferentes momentos da vida.

A TPM (tensão pré-menstrual) pode vir acompanhada por irritabilidade, inchaços, cólicas, dores de cabeça e fadiga. A menopausa pode significar acúmulo de gordura abdominal, variação de humor, insônia, osteoporose e perda de memória. E, ainda, em todos os momentos da vida, há sempre uma preocupação com a pele, as rugas, os melasmas (manchas escuras no rosto) e a celulite.

Pensando em todas essas questões, reunimos preparações que ajudam a prevenir e a melhorar esses sintomas.
É sempre importante lembrar que existem os nutrientes específicos para modular os sinais e sintomas, mas nosso corpo é um sistema complexo que necessita de todas as engrenagens funcionando corretamente. Portanto, devemos priorizar os alimentos indicados, mas ingerir todos os outros com qualidade e variedade.

Para iniciar esse processo, é essencial a retirada do açúcar e da farinha branca. Esses alimentos são inflamatórios (causam celulite e acentuam dores, como cólica e enxaqueca), aumentam o depósito de gordura, ativam um processo de glicação proteica (aumenta rugas e flacidez) e podem causar resistência insulínica, que aumenta a gordura e a predisposição para diabetes e exacerba o melasma na pele.

Para prevenir inchaços e ajudar a eliminar toxinas no corpo, é necessária a ingestão adequada de água e de alimentos diuréticos. Quanto menos toxinas o organismo tiver, melhor é o processo de emagrecimento e o desconforto com sintomas da TPM e da menopausa e melhor é o aspecto da celulite.
Deve-se, também, diminuir a ingestão de outros alimentos inflamatórios, como o álcool, a carne vermelha e a gordura saturada. Deve-se, ainda, retirar o leite, seus derivados e o glúten (quando houver sensibilidade ou intolerância).
É importante aumentar a ingestão de vegetais e frutas, que ajudarão a estabilizar os hormônios e a detoxificar o organismo.

Para prevenir a TPM, devemos ingerir alimentos que ajudam o intestino a funcionar diariamente. Fibras, alimentos que ajudam na detoxificação do corpo, fontes de magnésio, complexo B e vitamina E são essenciais nesse período. As mulheres que fazem uso de anticoncepcionais devem ficar atentas, pois eles retiram complexo B do organismo, aumentam a probabilidade de resistência insulínica e podem elevar a quantidade de cobre no organismo, que, em excesso, pode ser um gatilho para a depressão.

Na menopausa, as mulheres devem fazer o uso de antioxidantes, como as frutas vermelhas e a romã para neutralizar os efeitos da queda hormonal. É importante a ingestão de alimentos precursores de serotonina, como a banana e as sementes de abóboras, para prevenir insônia e depressão; de alimentos alcalinos e ricos em cálcio, para prevenir a osteoporose, e de alimentos de baixo índice glicêmico (quando a glicose entra devagar na corrente sanguínea, diminuindo a probabilidade de depósito de gordura) para prevenir aumento de peso e decorrentes doenças crônico-degenerativas. Além desses, a ingestão de alimentos contendo fito-hormônios, como tofu, missô, linhaça e inhame, também pode beneficiar as mulheres nessa fase.

Para uma pele bonita, precisamos de uma dieta anti-inflamatória, com baixo índice glicêmico, rica em alimentos alcalinos e antioxidantes, da diminuição do álcool e de uma boa noite de sono.

Para prevenir a celulite, deve-se evitar os alimentos alergênicos (como glúten, leite e derivados, para alguns), ingerir alimentos ricos em antioxidantes, silício e coenzima Q10, e, por fim, as fibras e probióticos para estimular o bom funcionamento do intestino.

As preparações deste módulo combinam nutrientes que ajudam nas questões de mulher de maneira mais generalizada. Por isso, é fundamental o autoconhecimento, pois o que representa a cura para algumas pessoas pode não ser a solução para outras. Deste modo, a causa de um sintoma deve ser tratada de acordo com a individualidade de cada mulher, sabendo identificar os sinais e sintomas de seu corpo. É preciso reconhecer e selecionar os alimentos que lhe fazem bem. A questão hormonal é complexa e deve ser tratada com cuidado e com a orientação de um profissional.

A natureza oferece tudo de que necessitamos para ter um corpo saudável. Para isso, devemos variar os alimentos ingeridos, comer na dose certa e com bom senso.

lassi de manga, cardamomo e hortelã

2 porções

INGREDIENTES

- Iogurte sem lactose: 300ml
- Tofu: 2 colheres de sopa
- Manga madura: 2 xícaras de chá
- Cardamomo: 2 sementes
- Hortelã: 12 folhas
- Mel: 2 colheres de sopa
- Água: a gosto, se quiser diluir um pouco

Essa bebida de origem indiana é um tônico para a mulher e é rica em proteína e cálcio. Ajuda na saciedade e na compulsão alimentar. Uma boa opção para um lanche da tarde.

PREPARO

- Bata todos os ingredientes no liquidificador até que forme um shake. Sirva bem gelado.

- Pode trocar o iogurte por leite de amêndoas (caso tenha alergia à proteína de leite).

FUNCIONAL

Iogurte sem lactose: fonte de cálcio, ajuda no relaxamento da musculatura, auxiliando nas cólicas e na insônia. Importante para a densidade óssea, ajudando a prevenir a osteoporose. É uma ótima fonte de proteína, pois garante maior saciedade, evitando a compulsão, que pode aumentar na TPM e na menopausa. Fonte de probióticos que ajudam na saúde intestinal.
Tofu: ótima fonte de cálcio e rico em proteína vegetal, pouca gordura e pouquíssimo carboidrato; rico em complexo B, cálcio, cobre, ferro, magnésio, fósforo, zinco e baixíssimo sódio, além de ser fonte de fitoestrógenos que ajudam a equilibrar os hormônios na menopausa.
Leite de amêndoas: tem gordura do bem, que ajuda a prevenir doenças cardiovasculares. Auxilia no controle da pressão arterial por causa do potássio, tem proteína vegetal e fibras que ajudam na saciedade e na saúde dos ossos, colabora para o controle da glicemia (manganês e vitaminas do complexo B) e ajuda na melhoria da função cerebral (vitamina E).
Hortelã: estimula a digestão, alivia as náuseas e é anti-inflamatório e descongestionante.
Mel: tem o índice glicêmico menor do que o açúcar e, portanto, diminui a probabilidade de depósito de gordura. Além disso, é fonte de complexo B, importante para dar energia e que atua em benefício de pele e cabelo. É antioxidante e probiótico.
Cardamomo: digestivo e ansiolítico.
Manga: rica em vitamina C e betacaroteno (ótima para a pele). Ótima fonte de fibras (benefício para o intestino).

grão-de-bico com especiarias

INGREDIENTES

- Grão-de-bico cozido: 3 xícaras de chá
- Semente de abóbora: 1 xícara de chá
- Azeite: 3 colheres de sopa
- Páprica picante ou doce: 1 colher de sopa
- Cominho em pó: 1 colher de chá
- Raspas de limão-siciliano: 1 colher de sopa
- Sal rosa: 1 pitada

PREPARO

- Cozinhe o grão-de-bico como de costume e retire a pele. Ele deve ficar *al dente*.

- Coloque o grão-de-bico e a semente de abóbora em uma assadeira, regue com o azeite e acrescente a páprica, o cominho e metade das raspas.

- Misture bem e coloque uma pitada de sal. Leve ao forno preaquecido a 220°C por aproximadamente 25 minutos ou até que fique assado e crocante.

- Retire do forno, coloque o restante das raspas e misture bem. Sirva como petisco, acompanhamento ou em saladas.

Essa mistura de grão-de-bico e semente de abóbora é potente para combater os sintomas da TPM e da menopausa.
É um aperitivo criativo, gostoso e muito funcional.

FUNCIONAL

Grão-de-bico: rico em proteína vegetal, fibras, complexo B e muito magnésio. Tem vários nutrientes que controlam os sintomas da TPM, como cólica, dor de cabeça e compulsão.
Semente de abóbora: fonte de proteína vegetal, fibras, vitaminas do complexo B, vitamina E e A, magnésio e cálcio. Ajuda a relaxar, melhorando cólicas, dores de cabeça e insônia. Ajuda nos sintomas da menopausa, na prevenção de osteoporose, na memória, a pele, os cabelo e no bem-estar (pois é fonte de triptofano, que é percursor da serotonina).
Condimentos: ótimos para acelerar o metabolismo e facilitar a digestão.

mix de folhas com abobrinha, pimentão e tomate-uva assados e bolinhas de coalhada seca com linhaça

1 salada média

INGREDIENTES

- Mix de folhas (agrião, rúcula, alfaces etc.): 1 maço total
- Abobrinha: 1 ½ xícara de chá
- Tomate-uva: 1 ½ xícara de chá
- Pimentão vermelho: 1 xícara de chá
- Azeite: 2 colheres de sopa
- Ervas frescas ou secas: a gosto
- Tempero de alho *(receita na página 50)*: ½ colher de chá
- Sal rosa: a gosto
- Coalhada seca sem lactose: 10 colheres de sobremesa
- Semente de linhaça dourada: ½ xícara de chá
- Vinagre balsâmico: 2 xícaras de chá
- Mel: ½ xícara de chá
- Semente de romã: 1 xícara grande

PREPARO

- Lave bem as folhas. Seque-as e rasgue-as. Corte a abobrinha e o pimentão como preferir. Aqueça uma frigideira, coloque um fio de azeite e o tempero de alho e grelhe as abobrinhas, os pimentões e os tomatinhos; acrescente um pouco de sal e as ervas. Grelhe rapidamente para preservar a crocância dos alimentos.

- Em uma panela, coloque o vinagre balsâmico e o mel e leve ao fogo baixo para reduzir. Deixe que reduza quase pela metade ou até que forme fios. Retire do fogo, deixe esfriar e emulsione com uma colher de sopa de azeite. Forme bolinhas com a coalhada seca e passe-as na linhaça levemente triturada.

- Em uma travessa, coloque as folhas ao centro, os grelhados por cima, finalize com as bolinhas de coalhada, as sementes de romã e regue com um pouco do balsâmico reduzido.

FUNCIONAL

Agrião: muito rico em minerais e vitaminas (vitamina A, cálcio, ácido fólico, vitamina C, manganês e ferro); ajuda na fadiga, na memória, no sistema imunológico e diminui a irritabilidade.
Rúcula: rica em betacaroteno, vitamina C, cálcio, ferro e fibras. Ótima para a pele, os ossos e o intestino.
Ervas frescas: ricas em vitamina C, são digestivas, ajudam na cólica e são bactericidas.
Abobrinha: rica em vitaminas do complexo B, potássio, cálcio, fósforo e magnésio. Tem muita fibra e muita água, sendo bem interessante para o intestino e para o uso em dietas, pois sacia a fome e tem baixa caloria.
Coalhada sem lactose: fonte de cálcio e proteína. Ajuda com cólicas, a densidade óssea e a saciedade.
Linhaça: fonte de proteínas, minerais e vitaminas, aumenta a imunidade, ajuda o intestino, reduz o colesterol, aumenta a saciedade, tem ômega 3 e, portanto, diminui inflamações e ajuda a prevenir o câncer de mama. Rica em fito-hormônios que ajudam no desequilíbrio hormonal desta fase.
Romã: fruta muito especial para a mulher. É rica em nutrientes parecidos com o estrogênio que diminuem sintomas da TPM e da menopausa. É anti-inflamatória, auxilia na circulação, aumenta a imunidade, é diurética, reduz o colesterol, é rica em fibras e ajuda na saciedade. Tente consumi-la com frequência.

Essa é uma boa opção para um jantar leve, mas que sacia. E é um prato muito rico em nutrientes importantes para a mulher.

papelote de Saint Peter com banana-da-terra, pesto de coentro e purê de inhame

2 porções

INGREDIENTES

- Filé de Saint Peter ou outro peixe de sua preferência: 2 unidades
- Alho-poró em rodelas: ½ xícara de chá
- Banana-da-terra em rodelas: 1 unidade
- Leite de coco *(receita na página 82)*: 100ml
- Tempero de alho *(receita na página 50)*: 1 colher de chá
- Sal rosa: a gosto
- Pimenta fresca: a gosto
- Raspas de limão-siciliano: a gosto
- Papel-manteiga
- Coentro: ½ xícara de chá
- Salsinha: ½ xícara de chá
- Azeite: ½ xícara de chá
- Suco de limão: 2 colheres de sopa
- Inhame: 4 unidades
- Açafrão: 1 colher de café
- Água ou caldo de vegetais *(receita na página 58)*: 1 ½ xícara de chá ou até quase cobrir
- Semente de girassol torrada: 1 xícara de café

PREPARO

- Tempere os filés de peixe com metade do alho, a pimenta e o sal. Faça envelopes com papel-manteiga, coloque rodelas de banana, fazendo uma cama, coloque o filé de Saint Peter, metade do alho-poró e do leite de coco. Finalize com as raspas de limão, uma pitada de sal e feche o papelote. Leve ao forno preaquecido entre 180°C a 200°C por aproximadamente 10 a 15 minutos.

- Para o purê, descasque os inhames e os pique em pedaços pequenos para que cozinhem mais rapidamente. Em uma panela, coloque um pouco de azeite e o restante do alho, refogue rapidamente e acrescente o açafrão. Em seguida, coloque o inhame picado, misture bem, acrescente o sal e a água ou caldo. Abaixe o fogo e deixe até que esteja bem cozido. Se achar necessário, coloque um pouco mais de água ou caldo. Amasse com um garfo mesmo ou, se quiser bem lisinho, bata com um mixer ou liquidificador. Sirva o papelote fechado, com purê de inhame, semente de girassol e pesto de coentro ao lado.

- Para o pesto de coentro, basta batê-lo com salsinha, suco de limão, azeite e sal.

FUNCIONAL

Inhame: rico em vitaminas do complexo B, ajuda a diminuir os níveis de estresse e estados depressivos. Colabora com o equilíbrio hormonal, é um aliado do sistema imunológico, é rico em fibras e promove saciedade. Tem índice glicêmico menor do que a batata-inglesa e, portanto, promove menor depósito de gordura. Rico em vitaminas A, B, C, potássio e fibras. É diurético e ajuda a diminuir os cálculos renais.
Banana: rica em fibras, potássio e magnésio. Regula o intestino, previne cãibras e produz bem-estar físico e mental, pois tem triptofano percursor de serotonina.
Semente de girassol: rica em vitaminas A, E, potássio, magnésio, selênio e fibras. É anti-inflamatória, antioxidante e aumenta a imunidade. Protege a visão e diminui os sintomas da TPM (ajuda a produzir serotonina).
Salsinha: rica em vitamina C, é cicatrizante (principalmente do estômago) e antifúngica.
Coentro: tem flavonoides antioxidantes e óleos essenciais que ajudam na digestão e têm propriedades bactericidas e fungicidas.
Pimenta: fonte de vitaminas A e C. Anti-inflamatória, descongestionante, libera endorfinas no cérebro e acelera o metabolismo.

Mistura incrível de ingredientes. Dá uma pincelada em todos os aspectos da saúde da mulher.
Essa preparação deve fazer parte do cardápio de sua casa. É fácil, bonita e versátil. Use os vegetais e o peixe que tiver na geladeira. O resultado será sempre interessante.

hambúrguer de salmão com berinjela no missô, broto de alfafa e semente de gergelim

2 a 3 porções

INGREDIENTES

- Salmão fresco: 300g
- Cebola-roxa em cubinhos: 2 colheres de sopa
- Cebolinha e salsinha: 2 colheres de sopa
- Gengibre ralado: 1 colher de chá
- Tempero de alho *(receita na página 50)*: ½ colher de chá
- Sal: a gosto
- Pimenta-vermelha fresca: a gosto
- Farinha de quinoa: 2 colheres de sobremesa
- Azeite: 1 colher de sopa
- Berinjela: 2 unidades
- Molho de missô *(receita na página 108)*: ½ xícara de chá
- Gergelim: 1 colher de sopa
- Broto de alfafa: 1 xícara de chá

PREPARO

- Limpe bem e pique o salmão em pedaços miúdos; acrescente cebola-roxa, salsinha, cebolinha, gengibre, alho e sal. Misture bem e dê liga com a farinha de quinoa. Molde hambúrgueres do tamanho de sua rodela de berinjela e leve para refrigerar por alguns minutos. Aqueça uma frigideira, coloque um fio de azeite e grelhe os hambúrgueres até que estejam cozidos (o ponto ideal é quando o peixe liberar uma espuma branca – albumina).

- Fatie as berinjelas em rodelas de 1,5cm e salpique sal, deixando-as descansarem por 20 minutos (para retirar um pouco o sabor amargo). Lave em água corrente e seque com papel-toalha.

- Esquente uma frigideira, coloque um fio de azeite e, quando estiver quente, coloque as berinjelas, deixando-as dourar levemente. Pincele o molho de missô em um dos lados, inverta e repita do outro lado. Deixe por 1 minuto de cada lado. Em um prato, coloque uma fatia de berinjela, coloque o hambúrguer por cima, um punhado de broto de alfafa e feche com outra berinjela. Salpique gergelim e regue com mais um pouco do molho de missô, se desejar.

FUNCIONAL

Farinha de quinoa: cereal muito rico em proteína vegetal, vitaminas e minerais, ajuda com processos inflamatórios, aumenta a imunidade e, por fim, funciona como fibra para o intestino, diminuindo a absorção de colesterol e glicose.
Gergelim: tem gordura do bem, muito rica em magnésio e cálcio, fibras e complexo B. Aumenta a quebra de gordura e formação de gordura visceral, fortalece tendões e ossos. É bom contra o reumatismo e para o intestino.
Berinjela: rica em potássio, antocianina (casca) e fibras. Pouco calórica, ajuda o intestino e a reduzir o colesterol (o qual tende a aumentar na menopausa).
Gengibre: ajuda a formar ácido clorídrico e preparar o estômago para digerir melhor os alimentos. Facilita a digestão, aumenta o metabolismo, é anti-inflamatório e antioxidante.
Salmão: fonte de ômega 3 (anti-inflamatório), ajuda a diminuir o colesterol e o triglicérides. Fonte de proteína, aumenta a saciedade.
Broto de alfafa: muito rico em vitaminas (complexo B, C, D, E, K), ácido fólico, minerais (silício, cálcio, potássio) e aminoácidos. Revitaliza, ajuda na força muscular, os ossos e a pele. Ajuda a diminuir o colesterol e a glicemia e é ótimo para eliminar toxinas do corpo. Muito bom para ajudar a diminuir a celulite, ajudando a melhorar o aspecto visual da pele.
Missô: pasta de soja fermentada, é rica em cálcio e fito-hormônios que ajudam as mulheres com TPM e nos sintomas da menopausa.

Quem disse que para comer hambúrguer precisa de pão? Cuidado: coloque pouco sal nessa preparação, pois o missô já é salgado, e não queremos provocar mais inchaço, não é mesmo?

figo assado com nozes e gelatto de iogurte com baunilha

2 porções

INGREDIENTES

- Figos frescos: 4 unidades
- Mel: 1 colher de sopa
- Açúcar de coco: 1 colher de sobremesa
- Nozes: ½ xícara de chá
- Iogurte sem lactose: 250ml
- Suco de limão: 1 colher de sobremesa
- Baunilha fresca: ½ fava
- Xarope de agave: 2 colheres de sopa

Essa sobremesa, que também pode ser um lanche, ajuda muito contra compulsão por doce e modula a dor e o inchaço. Em momentos de fragilidade, como na TPM e na menopausa, fique atenta! Não deixe os instrumentos de autossabotagem ganharem o jogo.

PREPARO

- Lave, seque e corte os figos ao meio no sentido do comprimento. Coloque-os em uma assadeira, acrescente o mel, o açúcar de coco e as nozes. Leve para assar em forno a 200°C por aproximadamente 10 minutos. Com a ajuda de um *fouet* (batedor de arame), bata o iogurte com a baunilha, o suco de limão e o xarope de agave em uma vasilha de metal, .

- Leve ao freezer até que congele. Retire e bata no liquidificador até que forme um creme homogêneo. Reserve congelado.

- Sirva os figos quentes ou frios com o *gelatto* de iogurte.

Obs.: como é um sorvete com pouca gordura, é normal que se formem cristais de gelo; se a textura incomodar, é só bater um pouco mais antes de servir.

Obs.2: alguns iogurtes já vêm adoçados, portanto, observe se será necessário colocar o agave.

FUNCIONAL

Figo: riquíssimo em magnésio. Ajuda em cólicas, na insônia e digestão. Diminui o inchaço e a vontade de comer doce.
Noz: fonte vegetal de proteína, rica em vitamina E (ótima para pele). Antioxidante, ajuda nas doenças neurodegenerativas. Ótima para a memória; excelente contra a compulsão. Diminui a vontade de comer doce.
Açúcar de coco: ajuda na vontade de comer doce. Tem as propriedades do coco e um menor índice glicêmico que o açúcar.
Agave: adoçante extraído dos cactos. Tem menor índice glicêmico do que o açúcar.
Baunilha: o aroma age no sensorial, diminuindo a vontade de comer doce e perfumando a sobremesa.

mousse de chocolate com calda de frutas vermelhas e pistache

3 porções

INGREDIENTES

- Abacate maduro: 1 unidade
- Cacau em pó: 3 colheres de sopa
- Óleo de coco: 2 colheres de sopa
- Mel: 2 colheres de sopa
- Açúcar de coco: 1 colher de sopa
- Clara em neve: 1 unidade
- Pistache sem sal: ½ xícara de chá

calda de frutas vermelhas

INGREDIENTES

- Frutas vermelhas (amora, framboesa, morango, cereja e sementes de romã): 3 xícaras de chá
- Casca de laranja: 1 pedaço
- Canela em pau: 1 unidade
- Mel ou xarope de agave: 2 colheres de sopa

MODO DE PREPARO

- Deixe as sementes de romã de molho em água ou água de coco. Coloque todos os ingredientes (exceto a romã e a canela) em uma panela e leve ao fogo baixo por aproximadamente 10 minutos ou até que forme uma calda com pedaços de frutas. Acrescente a romã e a canela e deixe por mais 5 minutos.

PREPARO

- No liquidificador, bata o abacate com o cacau, o açúcar, o mel e o óleo de coco até que formem um creme. Bata a clara em neve com uma pitada de sal. Incorpore com delicadeza ao creme de cacau e leve para gelar.

- Triture o pistache com a ajuda de uma faca para que forme uma farofa com pedaços.

- Sirva a mousse bem gelada com a calda de frutas vermelhas e a farofa de pistache.

Obs.: para uma mousse mais forte, acrescente mais cacau.

FUNCIONAL

Cacau: rico em biflavonoides, antioxidantes; vasodilatador; boa fonte de ferro e zinco.
Frutas vermelhas: muito ricas em flavonoides, ajudam a baixar a resistência insulínica (ajudando no emagrecimento). Atuam prevenindo o envelhecimento celular e aumentando a imunidade.
Abacate: é rico em beta-sitosterol, nutriente maravilhoso que controla o estresse e diminui o acúmulo de gordura no abdômen. Rico também em magnésio e vitamina E. Contém gordura do bem.
Pistache: excelente fonte de vitamina B6 (atua na formação da serotonina, aumentando a sensação de bem-estar). Rica em vitamina E, auxilia no sistema imunológico e melhora a pele. Rica em fósforo (combate a fadiga).
Semente de romã: rica em flavonoides específicos, taninos, antocianinas, glicosídeos e ácidos graxos. Contém vitamina C e complexo B (B1, B2, B3, B5, B6), que auxilia a circulação, aumenta a resistência às infecções, facilita a eliminação de líquidos e previne o estresse.
Casca de laranja: contém *citrus aurantium*, que atua na circulação e aumenta a atividade lipolítica (quebra de gordura), combatendo a celulite.
Clara de ovo: rica em albumina e proteína. Ajuda na formação de colágeno.

Para as mulheres que não conseguem ficar sem chocolate na TPM, eis a solução. Essa mistura é muito eficaz para modular questões femininas. Aproveitem! Sempre que estiver em um momento de compulsão, pare e pense: tenho fome de quê?

infusão anti-inchaço e aceleradora de metabolismo

1 porção

INGREDIENTES

- Erva desidratada de cavalinha: 1 colher de chá
- Erva desidratada de centela-asiática: 1 colher de chá
- Erva desidratada de chá-verde: 1 colher de chá
- Gengibre ralado: 1 colher de chá
- Canela em pau: 1 pedaço pequeno
- Água: 200ml
- Damasco, tâmara ou ameixa: 1 unidade

PREPARO

- Coloque água filtrada para ferver com o gengibre, a fruta seca e o pau de canela.

- Quando levantar fervura, desligue e acrescente as ervas. Tampe por 5 minutos e coe.

Essa infusão é poderosa. Faz a sinergia de vários nutrientes importantes para diminuir o inchaço e acelerar o metabolismo. Se tomar à noite, retire o chá-verde da mistura, pois pode prejudicar a qualidade do sono.

FUNCIONAL

Damasco: rico em fibras, fonte de vitaminas A, B3, B5, K, cobre, ferro, fósforo e magnésio.
Ameixa: rica em fibras e vitamina C. Ótima para o intestino. Adoça naturalmente o chá.
Gengibre: anti-inflamatório, acelera o metabolismo.
Canela: rica em magnésio, controla o nível de açúcar no sangue e diminui a glicação de proteínas. Estimula a digestão e é anti-inflamatória.
Chá-verde: diurético, atua no inchaço, é antioxidante e acelerador de metabolismo. Ajuda na quebra de gordura e na celulite.
Cavalinha: diurético, atua no inchaço.
Centela-asiática: atua ajudando na circulação e no inchaço.

MÓDULO SEIS

saúde do homem

saúde do homem.

Este módulo foi, sem dúvida, o mais surpreendente de todos. Quando concebi a ideia de fazer um curso só para homens e tratar de questões pertinentes à saúde masculina, achei que não daria "ibope". Estatisticamente, homens tomam menos ações em direção à saúde plena do que mulheres. Mas o interesse foi grande, e a idade dos alunos variou de 17 a 70 anos. Uns com pouca, outros com muita experiência de cozinha. Alguns nunca haviam visto um gengibre ou uma abobrinha, mas todos tinham um interesse em comum: aprender sobre alimentação funcional e mudar hábitos para obter mais saúde.

Os homens tendem a se alimentar de forma diferente das mulheres. De maneira geral, sentem mais falta de gordura e de carne vermelha. Também é comum apresentarem com mais frequência doenças cardiovasculares, colesterol alto, hipertensão, ácido úrico alto, esteatose hepática (gordura no fígado) e gordura abdominal.

o convidado especial deste módulo foi nosso fotógrafo Marcel Gussoni,

que, além de publicitário e fotógrafo, é chef nas horas vagas. Ele executou um prato para os nossos atentos alunos. Marcel representa bem este novo homem, que manda bem no fogão, se interessa cada vez mais por alimentação saudável e tenta aliar o prazer e a saúde na cozinha.

Neste módulo, elaboramos refeições com nutrientes que ajudam os homens a prevenir as questões citadas.

Nosso objetivo principal com essas preparações é manter a saciedade, impedir picos de glicose e insulina, que aumentam o depósito de gordura abdominal, evitar picos de pressão e elevação de ácido úrico. Ah! Não queremos aquela "barriguinha" incorporada ao visual não só por questões estéticas, mas por saúde.

gelinho acelera metabolismo: chá-verde com limão, gengibre e hortelã

2 forminhas de gelo

INGREDIENTES

- Água: 500ml
- Erva desidratada de chá-verde: 2 colheres de sopa cheias
- Limão: 1 unidade
- Gengibre: 4 rodelas (do tamanho de uma moeda)
- Hortelã: 1 punhado (quantidade de preferência)

PREPARO

- Faça o chá em infusão: coloque a água para ferver; quando levantar fervura, desligue e acrescente a erva. Abafe por 5 minutos. Coe e coloque na geladeira.

- Quando esfriar, bata com o suco do limão, o gengibre e a hortelã. Coe e distribua nas forminhas de gelo. Bata com um suco ou coloque em um copo d'água e tome em jejum ou 1 hora antes do almoço.

Para quem não tem tempo de preparar seu chá-verde em infusão ou um suco verde de manhã, essa é uma excelente opção. Funciona bem também para tomar nos finais de semana com o intuito de evitar "beliscos".

FUNCIONAL

Chá-verde: riquíssimo em antioxidantes, aumenta o metabolismo e a imunidade e é cardioprotetor. Se tomado com grandes refeições, pode quelar o ferro (não deixa ele ser absorvido), o que é interessante para quem tem ferritina alta.

Gengibre: ajuda a formar ácido clorídrico e preparar o estômago para digerir melhor os alimentos. Facilita a digestão, aumenta o metabolismo, é anti-inflamatório e antioxidante. Interessante para quem toma remédio para o estômago com frequência ou se sente empachado após as refeições.

Hortelã: estimula a digestão, alivia náuseas, é anti-inflamatória e descongestionante.

Limão: rico em vitamina C e potássio. Alcaliniza o sangue, facilitando os processos metabólicos e a desintoxicação.

batata-yacon, alcachofra e salsão com dips: pesto de ervas, maionese de tofu e azeite com pimenta

2 porções

INGREDIENTES

- Salsão: 1 talo
- Batata-yacon: 1 unidade
- Alcachofra: 1 unidade inteira

SIRVA ACOMPANHADO DOS MOLHOS

pesto de ervas

Essa receitinha superfuncional já está lá no Módulo 1 (página 30). Volte lá para dar uma olhadinha.

maionese de tofu

Uma delícia que combina com diversos pratos e já foi mencionada no Módulo 3 (página 88).

azeite com pimenta, raspas de limão e salsinha

INGREDIENTES

- Azeite: ½ xícara de chá
- Raspas de limão-siciliano: 2 colheres de sobremesa
- Pimenta dedo-de-moça: 1 colher de sopa
- Salsinha: 1 colher de sopa
- Sal: 1 pitada

PREPARO

- Retire a semente da pimenta (se preferir mais picante, pode deixar) e pique-a bem; pique a salsinha e misture ao azeite, acrescente as raspas de limão e coloque uma pitada de sal.

PREPARO

- Descasque a batata-yacon e corte-a em palitos ou outro corte de sua preferência. Coloque de molho rapidamente, até servir, em uma solução de água com limão e uma pitada de sal, para evitar que escureça. Lave bem e corte o salsão em palitos também.

- Para preparar a alcachofra: corte o talo o mais próximo da base e também um pouco da ponta; remova as pontas das pétalas com a ajuda de uma faca ou tesoura. Abra com cuidado as pétalas, para higienizar bem.

- Cozinhe a alcachofra inteira, submersa em água fervente com sal e suco de 1 limão e panela tampada. Deixe por aproximadamente 20 minutos (depende do tamanho) em fogo baixo ou até que o miolo esteja macio. Retire e sirva inteira, vá comendo as pétalas e, quando chegar ao centro, retire a parte mais fibrosa para comer o coração da alcachofra.

Obs.: você pode variar os crudités com vegetais, frutas ou legumes de sua preferência; varie também os molhos e tenha sempre novas combinações!

FUNCIONAL

Batata-yacon: alto teor de probiótico, que ajuda no funcionamento do intestino e melhora a microbiota intestinal, o que também aumenta a imunidade. Tem baixa caloria e ajuda no controle da glicemia. Aumenta a saciedade.
Salsão: rico em cálcio, potássio e ácido fólico. Ajuda na excreção de ácido úrico e melhora sintomas de dores articulares.
Alcachofra: tem vitaminas do complexo B, potássio, cálcio, fósforo, iodo, sódio, magnésio e ferro, além de substâncias com efeito benéfico para o fígado e a vesícula. Baixo teor calórico e muito diurética.
Pimenta dedo-de-moça: contém capsaicina, poderoso antioxidante que acelera o metabolismo e aumenta a secreção de suco gástrico (melhora digestão). Previne, ainda, o câncer de próstata. A pimenta é rica em vitaminas A e C, que melhoram a circulação.

Muitas questões podem ser moduladas por esse aperitivo. Além disso, é gostoso, diferente e permite aperitivar sem provocar picos de glicose e insulina. Chamo a atenção para a batata-yacon, desconhecida por muitos, mas que tem um alto potencial de baixar a glicose sanguínea.

carpaccio de beterraba com pesto de coentro, lascas de queijo de cabra e rúcula

2 porções

INGREDIENTES

- Beterraba: 1 unidade média
- Coentro: ½ xícara de chá
- Azeite: ½ xícara de chá
- Suco de limão: 1 colher de sobremesa
- Alho: ½ colher de café
- Rúcula: ½ maço
- Queijo de cabra: a gosto
- Sal: 1 pitada

PREPARO

- Lave bem e descasque a beterraba. Corte-a em rodelas bem finas. Em um liquidificador, bata bem o azeite, o coentro, o alho e o suco de limão; coloque uma pitada de sal; reserve.

- Lave e seque bem a rúcula. Em uma travessa ou prato raso, coloque as fatias de beterraba formando um círculo. Rasgue a rúcula e coloque no centro do prato. Regue a beterraba com o pesto de coentro e coloque lascas de queijo de cabra. Finalize com um pouco de flor de sal ou sal rosa e sirva em seguida.

Obs.: se preferir um pesto mais líquido, coloque um pouco mais de azeite ou água.

À primeira vista, parece um carpaccio de carne bovina. Mas é bem mais leve. Surpreenda-se também com o sabor. Crie o seu: pode substituir a beterraba por abobrinha, e se não gostar de coentro, troque-o por pesto de salsinha.

FUNCIONAL

Beterraba: rica em ácido fólico, potássio, ferro e silício. É de fácil digestão e ajuda a diminuir a homocisteína, que é um marcador inflamatório e de risco cardíaco.
Coentro: rico em flavonoides antioxidantes, ajuda na digestão e tem propriedades bactericidas e fungicidas.
Alho: estimula a produção de glutationa, aumentando o poder antioxidante do organismo. Excelente para baixar a pressão sanguínea e é ótimo bactericida.
Rúcula: rica em enxofre, ajuda a detoxificar, tem ação anti-inflamatória e é rica em fibras.
Queijo de cabra: rico em proteína e cálcio. Menos inflamatório do que o queijo de leite de vaca.

terrine de quinoa negra com abacate, tomate confit e azeite de manjericão

2 porções

INGREDIENTES

- Quinoa negra: 200g
- Cebola em cubinhos: ½ unidade pequena
- Tempero de alho *(receita na página 50)*: 1 colher de chá
- Azeite: ½ xícara de chá
- Manjericão: 1 xícara de café
- Suco de limão: 1 colher de sobremesa
- Sal: a gosto
- Tomate-uva: 1 bandeja (aproximadamente 180g)
- Ervas: tomilho, alecrim
- Açúcar mascavo: 1 pitada
- Abacate: ½ unidade

FUNCIONAL

Quinoa: cereal muito rico em proteína vegetal, vitamina A (cuida da saúde dos olhos e das mucosas), vitaminas B1, B2 e B3 (energia e bom funcionamento do sistema nervoso central), rico em ferro, magnésio e zinco (ajuda nos processos inflamatórios e aumenta a imunidade). Ainda, funciona como fibra, ajudando o intestino e diminuindo a absorção de colesterol e glicose.
Azeite: rico em ômega 9 e antioxidantes, protege o cérebro e previne doenças cardiovasculares.
Manjericão, alecrim, tomilho: ajudam na digestão e a eliminar toxinas do corpo (são desintoxicantes). São todos antioxidantes, ajudam a prevenir o envelhecimento.
Tomate: rico em licopeno (prevenção do câncer, principalmente o de próstata).
Abacate: é rico em beta-sitosterol, nutriente maravilhoso para controlar o estresse (porque regula secreção de cortisol) e diminuir o acúmulo de gordura no abdômen. Rico também em magnésio e vitamina E. É gordura do bem.

PREPARO

- Cozinhe a quinoa em 400ml de água por aproximadamente 15 minutos. Escorra e reserve. Em uma panela, coloque um fio de azeite e refogue a cebola e o alho; acrescente a quinoa e misture rapidamente. Reserve.

- Bata o azeite com o manjericão até que fique homogêneo. Coloque uma pitada de sal e o limão. Tempere a quinoa com um pouco desse azeite, acerte o sal e reserve.

- Coloque os tomates inteiros em um tabuleiro, acrescente uma pitada de açúcar mascavo, uma de sal, algumas ervas e um pouco de azeite. Leve ao forno preaquecido a 180°C por aproximadamente 10 minutos. Reserve.

- Corte o abacate em cubos pequenos e pingue algumas gotas de limão para evitar que escureça. Com a ajuda de um aro, coloque um pouco da quinoa no fundo e aperte bem; em seguida coloque o abacate, os tomates e regue com um pouco mais do azeite de manjericão. Retire o aro e sirva com agrião.

Esse prato tem um visual incrível e é superfuncional.
O abacate é muito eficiente em controlar o estresse e a gordura abdominal.
Aprenda a fazer esse tomate confit e use-o em vários pratos, diariamente; é uma boa maneira de prevenir o câncer de próstata.

salmão com molho de iogurte e curry e purê de batata-doce

receita de Marcel Gussoni

3 porções

INGREDIENTES

- Filé de salmão com pele: 600g
- Sal: a gosto
- Azeite: 3 colheres de chá

PREPARO

- Tempere os filés e deixe marinando no sal e azeite por 15 a 30 minutos.
- Para fazer um acabamento diferente, faça cortes rasos e transversais na pele antes de grelhar.
- Em uma frigideira antiaderente bem quente, comece grelhando pelo lado da pele e, assim que dourar, vire e grelhe por mais 2 a 3 minutos.

molho de iogurte com curry

INGREDIENTES

- Iogurte natural: 150ml
- Suco de limão: ½ unidade
- Curry: ½ colher de sopa (aqui é preciso cuidado, porque cada curry tem uma composição, então o ideal é testar para ver se não fica "fraco" ou picante demais)
- Sal a gosto

PREPARO

- Misture todos os ingredientes e sirva dentro de um copinho ou xícara para deixar o prato mais charmoso.

purê de batata-doce

INGREDIENTES

- Batata-doce: 750g
- Leite de coco *(receita na página 82)*: 200ml
- Açafrão-da-terra: ½ colher de sopa rasa
- Cebola em cubos: ½ unidade média
- Dente de alho: 1 unidade
- Sal: a gosto
- Azeite: a gosto

PREPARO

- Descasque a batata-doce e coloque-a imediatamente na água (ela escurece muito rápido se não fizer isso).
- Pique o alho e acrescente-o na água com a batata-doce quando a água estiver fervendo. Junte a cebola e cozinhe até que a batata fique bem macia.
- Escorra toda água, acrescente o leite de coco, o açafrão, o sal e o azeite. Use um mixer ou liquidificador para bater e deixar bem homogêneo.

Essa preparação tem um ótimo equilíbrio de nutrientes e é bem sacietógena (ou seja, mantém a pessoa saciada por mais tempo). É fácil de fazer e de agradar aos convidados.

carré de cordeiro com purê de couve-flor, molho de acerola e farofa funcional

2 porções

INGREDIENTES

- Carré de cordeiro: 4 unidades (costelinhas)
- Tempero de alho *(receita na página 50)*: 2 colheres de chá
- Sal: 1 colher de café
- Pimenta dedo-de-moça: 1 colher de sopa
- Raspas de laranja e limão: 1 colher de chá
- Ervas (alecrim e tomilho): 1 colher de sobremesa
- Azeite: 2 colheres de sobremesa
- Couve-flor: 4 xícaras de chá
- Cebola: 3 colheres de sopa
- Tofu: 1 colher de sobremesa (opcional)
- Caldo de vegetais *(receita na página 58)* ou água: 2 a 3 xícaras
- Polpa de acerola: 1 unidade
- Açúcar mascavo: ½ colher de sobremesa
- Aveia em flocos grossos: 1 xícara de chá
- Farinha de linhaça dourada: 1 xícara de café
- Semente de girassol: 1 xícara de café
- Salsinha: 1 colher de sopa
- Tomilho: 2 ramos

PREPARO

- Faça uma pasta com 1 colher de chá de alho, o sal, ½ colher de sopa de pimenta, as raspas, as ervas e ½ colher de sobremesa de azeite. Tempere o carré com essa mistura e deixe marinar por cerca de 30 minutos. Em uma frigideira bem quente, coloque um fio de azeite e sele os carrés rapidamente dos dois lados, para que dourem. Se for servir na hora, deixe mais um tempo para que atinja o ponto desejado, mas caso queira servir posteriormente, basta colocá-los no forno quente (250°C), para finalizar, por aproximadamente 10 minutos (dependendo do ponto desejado).

Obs.: tenha cuidado, pois o cordeiro, quando passa do ponto, tende a ressecar bastante.

purê de couve-flor: em uma panela, coloque ½ colher de sobremesa de azeite e refogue 1 colher de sopa de cebola e ½ colher de café de alho. Acrescente a couve-flor e o caldo e deixe cozinhar em fogo médio até que fique bem macia (aproximadamente 15 minutos). Se sobrar muito líquido, retire o excesso e bata a couve-flor em liquidificador ou mixer até que forme um purê. Se quiser, acrescente o tofu para dar cremosidade e bata bem.

molho: basta levar a polpa de acerola, o mascavo e o restante da pimenta ao fogo para que ferva e reduza levemente. Se desejar um molho mais suave, acrescente um pouco de água e deixe cozinhar mais 2 minutos. Coloque uma pitada de sal e reserve.

farofa: em uma frigideira, coloque 1 colher de sobremesa de azeite, ½ colher de chá de alho e 2 colheres de sopa de cebola. Refogue bem e acrescente as sementes de girassóis para que dourem um pouco. Acrescente a aveia e a farinha de linhaça e mexa bem por alguns minutos até que comecem a ficar crocantes. Finalize com a salsinha bem picadinha, o tomilho e um pitada de sal.

Essa farofa fica uma delícia! Para quem adora alho, pode caprichar um pouco mais.

FUNCIONAL

Carré de cordeiro: rico em vitaminas do complexo B, ferro, fósforo, cálcio e potássio, apresentando maiores teores de gordura monoinsaturada e poli-insaturada do que outras carnes. É mais fácil de ser digerido do que carne vermelha de vaca e é menos alergênico.
Couve-flor: brássica rica em enxofre, vitamina C, cálcio, magnésio, ácido fólico, sulforano e indol-3-carbinol — todos compostos que ajudam na produção de enzimas que retiram do corpo as toxinas e o excesso de hormônios que podem levar ao desenvolvimento do câncer de próstata.
Acerola: rica em vitamina C e antocianina, cálcio, ferro, vitaminas A, B1, B2, B3. Combate o estresse oxidativo, protegendo de aterosc leroses. Potencial para suprimir transporte de açúcar no intestino.
Aveia em flocos grossos: rica em vitamina A, vitamina B3, ácido fólico e minerais, como potássio, cálcio e magnésio. Ajuda no funcionamento do intestino, na eliminação do colesterol e no aumento de imunidade.
Farinha de linhaça dourada: rica em fibras, precursora de ômega 3, ajuda o intestino e a diminuir colesterol e os triglicérides.
Salsinha: rica em vitamina C e cicatrizante (principalmente no estômago). Ótima para gastrites e esofagites. Além disso, é antifúngica.

Os homens tendem a ter mais necessidade de ingerir carne vermelha porque, fisiologicamente, a gordura da carne tem seu papel na produção de testosterona (hormônio masculino), ajudando na produção de massa muscular. Por essa razão, decidi inserir uma receita de carne vermelha e optei pelo cordeiro por ser uma carne menos alergênica do que a carne de vaca, apesar de conter gordura. Em contrapartida, a couve-flor como acompanhamento ajuda a digerir e metabolizar a carne, e a aveia, a linhaça e a semente de girassol diminuem a absorção de gordura.
É uma receita muito saborosa e fácil de fazer.

sorvete de banana e mirtilo

2 porções

INGREDIENTES

- Banana-nanica ou prata madura: 2 unidades
- Mirtilo: 1 xícara de café
- Suco de limão: 1 colher de sobremesa

PREPARO

- Descasque e pique as bananas e leve-as ao congelador em um saco ou vasilha. Congele também o mirtilo ou compre-o congelado.

- Bata no liquidificador as bananas, o mirtilo e o suco de limão até que emulsionem bem. Leve de volta ao congelador para conservar a textura até a hora de servir.

Obs.: varie as combinações e tenha sempre novos sabores de sorvetes à sua disposição. A banana é uma boa base, pois dá cremosidade!

Quem disse que sorvete precisa ter açúcar? Essa mistura é fantástica. Doce no ponto. E com todos os benefícios do mirtilo, que ajuda muito nas questões masculinas.

FUNCIONAL

Mirtilo: rico em antioxidantes, que ajudam a proteger as células de danos oxidativos, principalmente os cerebrais (ótimo para a memória e capacidade cognitiva).
Rico também em antocianina, que é um protetor cardiovascular e da retina ocular. Ajuda na recuperação muscular pós-exercício.

chá digestivo: dente-de-leão com canela e cardamomo

1 porção

INGREDIENTES

- Água: 150ml
- Erva de dente-de-leão: 1 colher de sobremesa
- Canela (em pau ou pó): 1 colher de café ou 1 unidade (se for em pau)
- Cardamomo: 1 semente

ATENÇÃO

A infusão de dente-de-leão não deve ser ingerida por mais de 30 dias consecutivos. Para quem gosta de tomar chá diariamente, é importante sempre variar as ervas.

PREPARO

- Coloque a água para ferver. Quando levantar fervura, desligue, adicione a erva e o pau de canela e abafe por 5 minutos. Coe e sirva com o pau da canela ou polvilhe o pó por cima e coloque uma sementinha de cardamomo dentro. Não adoce.

FUNCIONAL

Dente-de-leão: rico em vitaminas A, C e do complexo B, minerais (potássio, zinco e manganês) e flavonoides. Tônico amargo que ajuda a depurar o organismo (detoxificação); é digestivo e diurético.
Canela: rica em magnésio, controla o nível de açúcar no sangue e diminui a glicação de proteínas. Estimula a digestão.
Cardamomo: digestivo e ansiolítico.

Esse chá é perfeito para ajudar na digestão e a desintoxicar o organismo. Nosso corpo suporta extravagâncias, como comer uma feijoada de vez em quando; o que ele não suporta é aquilo que fazemos errado todos os dias.

MÓDULO SETE

saúde do adolescente

saúde do adolescente.

Minha inspiração para este módulo veio de casa, por meio de meus dois filhos adolescentes. Os jovens são divertidos, atrapalhados, rebeldes, rápidos e, às vezes, rabugentos. Cada um busca seu lugar no mundo, do seu jeito. Muitas mudanças acontecem com eles, física e emocionalmente, nesse momento. Por isso, é uma etapa crucial para o desenvolvimento da saúde plena do corpo, da mente e do espírito.

Como essa é uma fase de experimentação, que tal a cozinha para praticar? Que tal se arriscar a fazer sua própria refeição? Que tal aprender sobre o valor dos nutrientes em cada alimento e compor uma refeição gostosa e saudável? Meus filhos aceitaram o desafio e, como eles, vários outros adolescentes também.

Aprender a comer de modo saudável nessa fase da vida significa aumentar as chances de se tornar um adulto com mais saúde, livre de gordurinhas extras e de várias doenças crônico-degenerativas. Esse é o momento certo para desenvolver hábitos benéficos de maneira natural. O que se transforma nessa fase repercutirá na vida adulta desses jovens.

Neste módulo, apresentamos receitas que geralmente agradam o paladar dos adolescentes e as transformamos com toques funcionais. Compomos refeições com nutrientes importantes para o crescimento físico e cognitivo dos jovens.

smoothie proteico de frutas vermelhas

1 porção

INGREDIENTES

- Frutas vermelhas congeladas: 1 xícara de chá
- Leite de amêndoas *(receita na página 78)* ou leite de arroz ou leite de coco *(receita na página 82)*: 1 xícara de chá
- Tofu: 1 fatia fina

PREPARO

- Bata tudo no liquidificador e sirva.

O tofu é rico em proteína vegetal e em cálcio, complementando os leites de amêndoa ou de arroz. O resultado é um shake cremoso e proteico, sem as propriedades inflamatórias que o leite de vaca pode ter para alguns jovens.
Nessa fase da vida, a proteína e o cálcio são fundamentais para os ossos e músculos, que estão em plena expansão.
É também uma ótima opção de pós-treino. Muitos jovens têm práticas esportivas intensas e precisam de proteína, carboidrato e antioxidantes para se recuperar. Os leites vegetais, o tofu e as frutas vermelhas oferecem os elementos recuperadores necessários.
Receita aprovadíssima pelos jovens!

pipoca doce com rapadura

2 porções

INGREDIENTES

- Milho de pipoca: ½ xícara de chá
- Rapadura: 1 xícara de café
- Água: 3 colheres de sopa

ATENÇÃO

Para os adolescentes com sobrepeso, é melhor trocar a rapadura por ervas, como orégano, páprica e gengibre em pó. Fica uma delícia e segura os ponteiros da balança.

PREPARO

- Coloque a pipoca dentro de um saquinho de papel de pão. Feche as laterais, fazendo dobras, e deixe espaço para a pipoca estourar. Coloque no micro-ondas na função pipoca. O tempo dependerá do micro-ondas, geralmente, de 2 a 3 minutos. Em uma panela, coloque a rapadura picada com a água e leve ao fogo baixo até que derreta. Assim que derreter, deixe ferver por cerca de 5 minutos.

- Em uma tigela, coloque a pipoca e vá pingando o melado, mexendo rapidamente com a ajuda de uma colher, para que o líquido envolva as pipocas. Deixe "secar" por aproximadamente 3 minutos e sirva.

FUNCIONAL

Milho de pipoca: rico em carboidrato, vitamina B1 e ácido fólico. Fonte de fibra. Não tem glúten.
Rapadura: tem vitaminas A, C, D, E, vitaminas do complexo B e importantes minerais, como cálcio, ferro, fósforo, potássio, cobre, zinco, manganês, magnésio e proteína. A rapadura é um alimento calórico, mas é interessante para quem pratica atividades físicas e precisa de energia.

Pipoca vai sempre bem sozinha, assistindo a um filme, jogando videogame ou recebendo amigos em casa.
Melhor ainda é conseguir fazer sem usar óleo. Fica muito mais saudável e com o mesmo sabor.

batata-doce e inglesa assadas

2 porções

INGREDIENTES

- Batata-inglesa: 1 unidade média
- Batata-doce: 1 unidade média
- Milharina: ½ xícara de chá
- Azeite: 1 colher de sobremesa
- Sal: a gosto

FUNCIONAL

Milharina: fonte de carboidrato e fibra, não contém glúten. Dá uma crocância gostosa à preparação.

PREPARO

- Lave bem as batatas e pique-as em palitos (se preferir, retire a casca da batata-doce, pois ela geralmente acumula muita terra).

- Em uma tigela, coloque as batatas e unte-as com o azeite; acrescente a milharina, misture bem e retire o excesso.

- Unte uma forma com azeite e coloque os palitos lado a lado, deixando um espaço pequeno entre eles. Leve ao forno preaquecido a 200°C por aproximadamente 25 minutos ou até que estejam assadas e crocantes.

Parece que batata frita combina com adolescente, não é? Essa é a nossa versão funcional: assada, crocante e misturada com batata-doce, que é mais nutritiva e tem índice glicêmico menor. Evite fritura em sua casa. Em excesso, ela é inflamatória, aumenta o depósito de gordura e a celulite e pode ser um gatilho para outras doenças.

crepioca

1 unidade grande ou 2 unidades médias

INGREDIENTES

- Ovo: 2 unidades
- Tapioca: 2 colheres de sopa
- Sal: 1 pitada

FUNCIONAL

Ovo: rico em complexo B e colina (ajuda a regular o funcionamento do cérebro e o sistema nervoso), contém naturalmente vitamina D (importante para os ossos e sistema endócrino), aminoácidos de alto valor biológico (formação de músculos, estruturas e bons para a imunidade) e carotenoides (proteção dos olhos).
Tapioca: fonte de carboidrato, fibras e ferro. Fácil digestão, não contém glúten.

PREPARO

- Quebre os ovos e misture bem com um garfo. Acrescente a tapioca, o sal e misture até que fique homogêneo. Aqueça uma frigideira antiaderente e acrescente um pouco de massa para que cubra o fundo (não deve ficar muito grossa). Deixe em fogo médio e, assim que começar a desgrudar nas bordas, vire-a e deixe dourar rapidamente do outro lado.

- Sirva com o recheio de sua preferência.

Essa receita é uma das minhas prediletas. É muito gostosa e fácil de preparar. É versátil, pois pode ser ingerida pura ou com vários recheios. Tem a mistura certa de proteína e carboidrato, o que a torna nutritiva e com menor índice glicêmico.

opções de recheio

carne moída

2 porções

INGREDIENTES

- Patinho moído: 300g
- Cebola em cubinhos: ½ unidade pequena
- Tempero de alho *(receita na página 50)*: 1 colher de chá
- Tomate sem semente em cubos: 1 unidade
- Azeite: 1 colher de chá
- Salsinha: 1 colher de sopa
- Sal: a gosto

PREPARO

- Aqueça uma panela, coloque o azeite e refogue a cebola e o alho. Acrescente o tomate e deixe refogar por mais 2 minutos. Em seguida, acrescente a carne moída e mexa para que comece a soltar e cozinhar. Deixe que cozinhe em fogo médio; acerte o sal e finalize com salsinha picada.

OUTRAS SUGESTÕES:

- Brócolis refogado com alho.
- Couve-flor refogada.
- Tomate em cubinhos com pesto.
- Queijo fresco e cenoura ralada.

frango cozido

2 porções

INGREDIENTES

- Peito de frango: 300g
- Tempero de alho *(receita na página 50)*: 1 colher chá
- Açafrão em pó: ½ colher de chá
- Ervas secas ou frescas: 1 colher de sobremesa
- Sal: a gosto
- Óleo de coco ou azeite: 1 colher de chá

PREPARO

- Pique o frango em pedaços médios e tempere com alho, açafrão, ervas e sal.

- Aqueça uma panela, coloque o óleo e doure rapidamente o frango. Coloque um pouco de água para cobrir o frango e deixe cozinhar em fogo baixo.

- Depois de cozido (aproximadamente 15 minutos), desfie os pedaços de frango e reserve.

ricota com espinafre

2 porções

INGREDIENTES

- Ricota fresca: 1 xícara de chá
- Espinafre: 2 xícaras de chá
- Tempero de alho *(receita na página 50)*: 1 colher de chá
- Azeite: ½ colher de sobremesa
- Sal: a gosto

PREPARO

- Lave bem e pique o espinafre em tiras. Em uma panela, coloque o azeite e o alho e refogue rapidamente. Acrescente o espinafre e cozinhe por 3 minutos ou até que murche. Rale ou amasse a ricota, acrescente no espinafre refogado e acerte o sal.

Ótima opção também para o café da manhã. Nesse caso, sugiro usar apenas 1 ovo e 1 colher de tapioca.

massa integral com muçarela de búfala, broto de feijão e abobrinha

2 porções

INGREDIENTES

- Massa (espaguete integral): ½ pacote (aproximadamente 200g)
- Tomate-uva: 1 xícara de chá
- Muçarela de búfala: 1 xícara de chá
- Broto de feijão: 2 xícaras de chá
- Abobrinha: ½ unidade grande
- Pesto de manjericão *(receita na página 56)*: 3 colheres de sopa
- Tempero de alho *(receita na página 50)*: 1 colher de sobremesa
- Azeite: ½ colher de sopa
- Sal: a gosto

FUNCIONAL

Macarrão integral: rico em carboidratos de baixo índice glicêmico, previne pico de insulina e, portanto, diminui a probabilidade de depósito de gordura. É mais saudável porque contém farinha não processada. Isso significa que preserva seus recursos naturais de farelo, germe, fibra, vitaminas e minerais.
Muçarela de búfala: rica em cálcio e proteína, mais leve e menos inflamatória do que muçarela de vaca.
Broto de feijão: rico em vitamina C, ferro, proteínas e cálcio. É pouco calórico, ajuda no bom funcionamento do intestino e dá saciedade.

PREPARO

- Ferva água com sal e cozinhe a massa conforme instruções da embalagem; escorra e reserve um pouco da água do cozimento.

- Rale a abobrinha finamente e no sentido do comprimento (como um espaguete); corte os tomatinhos ao meio.

- Em uma frigideira, coloque o azeite e refogue o alho; acrescente os tomates, a abobrinha e os brotos de feijão. Deixe por aproximadamente 3 minutos. Coloque a massa, o pesto, um pouco da água do cozimento da massa e misture bem.

- Finalize com a muçarela de búfala e mexa rapidamente, para que comece a derreter. Acerte o sal, se necessário, e sirva logo em seguida.

O desafio para muitos adolescentes é ingerir uma variedade maior de legumes e vegetais. Conheço muitos que não ingerem nadinha. Nessa idade, não é mais possível esconder os vegetais batidos no feijão ou no molho, como fazíamos quando eram crianças. Então o jeito é usar a criatividade e ensinar o que faz bem e por quê. A macarronada está presente no cardápio de grande parte dos adolescentes. A maioria ama! Então vai aí nossa versão funcional com macarrão integral (menor índice glicêmico e rico em minerais) e muitos vegetais.
Nossos adolescentes adoraram. Vale tentar!

hambúrguer de carne com quinoa

10 mini-hambúrgueres ou 2 unidades grandes

INGREDIENTES

- Patinho moído: 300g
- Quinoa em grão cozida: 1 xícara de chá
- Cenoura ralada: ½ xícara de chá
- Clara de ovo: 1 unidade
- Aveia em flocos ou farelo de aveia: 1 colher de sopa
- Tempero de alho *(receita na página 50)*: 1 colher de chá
- Cebola em cubinhos: ½ unidade pequena
- Salsinha: 1 colher de sobremesa
- Azeite: 1 colher de sobremesa
- Pimenta-do-reino ou fresca: a gosto
- Sal: a gosto

PREPARO

- Cozinhe ½ xícara de chá de quinoa em grãos em 1 ½ xícaras de água por aproximadamente 15 minutos. Retire, enxague e reserve. Em uma tigela, misture a carne, a cebola e o alho. Acrescente o restante dos ingredientes e acerte o sal. Molde hambúrgueres com o auxílio de um aro ou na mão. Em uma frigideira, coloque um fio de azeite e grelhe-os dos dois lados. Monte seu sanduíche com pão de hambúrguer integral ou sem glúten, salada e maionese de tofu *(receita na página 88)*.

Sou apaixonada por hambúrguer. Acredito que a maioria dos adolescentes também. Nossa versão funcional deixa o hambúrguer mais leve e nutritivo, sem perder o sabor.
E a maionese, ninguém acredita que é feita de tofu. Simplesmente maravilhosa!
Faça vários hambúrgueres e congele. Assim, sempre terá à mão uma opção de lanche ou jantar para os jovens.

FUNCIONAL

Quinoa em grão: cereal muito rico em proteína vegetal, vitamina A (saúde dos olhos e das mucosas), vitaminas B1, B2 e B3 (energia e bom funcionamento do sistema nervoso central), ferro, magnésio e zinco.
Cenoura: rica em carotenoides, antioxidantes que protegem nosso material genético e reforçam a imunidade.
Salsinha: rica em vitamina C e cicatrizante (principalmente do estômago); é antifúngica.
Aveia: rica em fibra solúvel, que ajuda a diminuir a absorção de açúcar e gordura no nosso intestino. Essa fibra (betaglucana) ajuda a diminuir o colesterol sanguíneo, a pressão arterial e a controlar o diabetes. Ajuda também a regular o trânsito intestinal. Contém zinco, que auxilia na diminuição de acne e melhora o sistema imunológico, e boro, um mineral importante para a saúde dos ossos.

nuggets de frango ou peixe

2 a 3 porções

INGREDIENTES

- Filé de peito de frango ou tilápia: 400g
- Tempero de alho *(receita na página 50)*: ½ colher de sobremesa
- Raspas de limão-siciliano: 1 colher de sobremesa
- Suco de limão: 1 colher de sopa
- Açafrão em pó: 1 colher de chá
- Azeite: 1 colher de sobremesa
- Sal: a gosto
- Farinha de arroz: 1 xícara de chá
- Ovos: 2 unidades
- Quinoa em flocos: 2 xícaras de chá

Essa receita prova que não precisamos fritar para ter sabor. É uma maneira criativa de acrescentar o peixe no cardápio dos adolescentes.

PREPARO

- Corte o frango ou o peixe em cubos grandes ou tiras; faça uma pasta com o tempero de alho, as raspas e o suco de limão, açafrão, sal e azeite. Tempere os cubos e deixe marinar por aproximadamente 15 minutos.

- Em uma vasilha, bata ligeiramente os ovos; coloque cada farinha em uma vasilha.

- Passe o pedaços de peixe ou frango na farinha de arroz e retire o excesso; em seguida, passe nos ovos, escorrendo o excesso, e finalize na quinoa em flocos. Aperte bem, para cobrir todos os lados, e reserve.

- Leve para assar em um tabuleiro antiaderente untado, em forno preaquecido a cerca de 200°C por 20 minutos, aproximadamente, dependendo do forno.

- Sirva com maionese de tofu *(receita página 88)* ou com pesto de ervas *(receita na página 30)*.

FUNCIONAL

Peixe e frango: proteínas de alto valor biológico, importantes para a formação muscular e para a imunidade dos adolescentes.
Açafrão: antioxidante poderoso. Ajuda a proteger os adolescentes contra doenças infecciosas e respiratórias.
Ovo: rico em proteína, selênio, zinco, fósforo, vitaminas A, E e do complexo B. Rico em colina, que ajuda na formação cognitiva e na memória dos jovens.

ATENÇÃO

Se fizer com peixe, fique atento ao tempo de assar, pois o peixe assa mais rápido e pode ressecar muito se passar do ponto.

bolo fofo de chocolate

1 bolo médio

INGREDIENTES

- Açúcar demerara: 1 xícara de chá
- Ovos: 6 unidades
- Farinha de arroz integral: ½ xícara de chá
- Óleo de girassol: ½ xícara de chá
- Chocolate 70% de cacau em barra: 100g
- Cacau em pó: 2 colheres de sobremesa
- Leite de coco *(receita na página 82)*: 2 colheres de sobremesa
- Sal: 1 pitada
- Bicarbonato de sódio: 1 colher de chá
- Fermento químico em pó: 2 colheres de chá

É difícil ter uma casa com adolescentes e não ter bolo e brigadeiro. Quem tem sabe do que estou falando. Eles são capazes de devorar um tabuleiro de bolo ou uma panela de brigadeiro mole em uma tarde. Por isso a importância de trocar alguns ingredientes mais inflamatórios e/ou calóricos por outros mais funcionais. Funcionou! Melhorou a qualidade e fez sucesso!

PREPARO

- Derreta o chocolate em barra por 1 minuto no micro-ondas ou em banho-maria.

- Transfira o chocolate derretido para uma vasilha e acrescente a farinha, o óleo, o leite de coco, o cacau em pó, a pitada de sal e misture bem; acrescente por último o fermento e o bicarbonato e mexa delicadamente.

- Unte uma forma com óleo e farinha e acrescente a mistura (preencha um pouco mais da metade da forma, pois o bolo precisa de espaço para crescer). Leve ao forno preaquecido a 180°C por aproximadamente 30 a 40 minutos (depende do forno e do tamanho do seu bolo; quanto menor, mais rápido ele assará). Para conferir se o bolo está assado, enfie um palito de dente: se sair limpo, o bolo está pronto.

- Retire do forno, espere esfriar um pouco e desinforme.

calda de chocolate para o bolo

INGREDIENTES

- Leite de coco *(receita na página 82)* ou leite de amêndoa *(receita na página 78)*: 200ml
- Cacau em pó: 2 colheres de sobremesa
- Chocolate em barra 70% (costuma conter traços de leite): 25g
- Óleo de coco: 1 colher de sobremesa

PREPARO

- Coloque todos os ingredientes em uma panela e leve ao fogo baixo para que o chocolate derreta e a mistura se torne homogênea. Desligue e sirva sobre o bolo quente ou, se preferir, sobre ele frio.

Obs.: finalize com amêndoas em lascas ou *nibs* de cacau, coco ralado ou castanhas raladas. Enfim, são inúmeras possibilidades para você confeitar o seu bolo.

espetinho de frutas com ganache mole

6 unidades

INGREDIENTES

- Morango: 3 unidades
- Manga: 6 cubos
- Abacaxi: 6 cubos
- Uva: 6 unidades
- Leite de amêndoas *(receita na página 78)* ou de coco *(receita na página 82)*: 200ml
- Açúcar de coco: 2 colheres de sopa
- Óleo de coco: 1 colher de sopa
- Chocolate 70% cacau em barra (costuma conter traços de leite): 25g
- Cacau em pó: 1 colher de sopa
- Palito de bambu: 6 unidades

FUNCIONAL

Frutas: ricas em vitaminas e potássio. Aumentam a imunidade dos adolescentes.
Cacau: rico em flavonoides, que têm efeito antioxidante, melhoram a imunidade e protegem contra inflamações.

PREPARO

- Fatie o morango ao meio no sentido do comprimento.

- Coloque um cubo de cada fruta e a metade do morango no palito. Reserve.

- Em uma panela, coloque o leite, o açúcar, o óleo, o chocolate em barra, o cacau e leve ao fogo, mexendo até que engrosse. Coloque em copinhos e sirva com os espetinhos

SIRVA ACOMPANHADO DE:

leite de amêndoa

Muito mais funcional, essa receitinha você encontra no Módulo 3 (página 78).
Volte lá para dar uma olhadinha.

leite de coco natural

Nutritivo e gostoso, você aprende a fazer leite de coco natural lá no Módulo 3 (página 82).

Esse espetinho de frutas com ganache é uma ótima opção para os adolescentes mais resistentes desenvolverem o hábito de ingerir frutas.

sorvete de banana e cacau

2 porções

INGREDIENTES

- Banana-nanica ou banana-prata madura: 4 unidades
- Limão: suco de ½ unidade
- Cacau em pó: 2 colheres de sopa cheias

FUNCIONAL

Banana: rica em fibras, potássio, magnésio e triptofano. Regula o intestino, previne cãibras e produz bem-estar físico e mental.

PREPARO

- Descasque as bananas, corte-as em rodelas e leve ao congelador.

- Quando as bananas estiverem praticamente congeladas, (elas precisam estar bem firmes, mas se endurecerem demais, não dá para batê-las), coloque-as em um liquidificador ou processador com o suco de limão e triture-as. Acrescente o cacau e bata até homogeneizar. Leve ao congelador mais um pouco ou sirva imediatamente.

- Sirva com *nibs* de cacau ou amêndoas em lâminas.

Obs.: use a quantidade de cacau de sua preferência.

Sorvetes industrializados normalmente têm muito açúcar, leite, gordura hidrogenada e conservantes. Essa alternativa funcional é livre de todos esses ingredientes indesejáveis à saúde. Ótima opção de lanche da tarde para adolescentes na TPM.

chá de hortelã

1 porção

INGREDIENTES

- Hortelã fresca:1 colher de sopa
- Ameixa seca ou tâmara: 1 unidade
- Água: 200ml

PREPARO

- Coloque a água para ferver com 1 ameixa ou 1 tâmara.

- Quando a água ferver, desligue, acrescente as ervas e tampe por 10 minutos. Coe e sirva.

FUNCIONAL

Hortelã: bactericida, ajuda com cólicas de estômago e intestino.
Ameixa: rica em fibras e vitamina C. Ótima para o intestino. Adoça naturalmente o chá.

Chá para adolescente e, ainda, sem açúcar pode parecer pouco provável. Mas ao contrário do que muitos pensam, vários jovens estão se rendendo a esse novo hábito. Usar a ameixa para fazer infusão ajuda a adoçar o chá, evitando a ingestão de açúcar.

MÓDULO OITO

saúde da criança

saúde da criança.

Atualmente, quando falamos de alimentação infantil, nos deparamo com uma dicotomia: de um lado, crianças que não comem, deixando os pais preocupados; de outro, crianças compulsivas, que se tornam obesas, deixando os pais desesperados.

No meu consultório, encontro as duas realidades. Ambas complicadas, pois muitos fatores estão envolvidos, inclusive os próprios hábitos familiares. A correria do mundo moderno nos deixou sem tempo e sem paciência para preparar e ter refeições nutritivas e caseiras com a frequência e a tranquilidade desejáveis. É sempre mais fácil lançar mão do pronto, do semipronto e do industrializado. E esses, invariavelmente, vêm acompanhados de conservantes, gorduras trans, sódio, açúcar e corantes: "gatilhos" de doenças que expõem esta geração a sintomas que antes se apresentavam apenas em adultos, sendo a obesidade um deles.

Não acredito em radicalismos. Em algum momento, essas crianças entrarão em contato com doces, refrigerantes, balas e pirulitos e vão querer experimentá-los. Deixe que experimentem, mas ensine a elas sobre o valor nutricional desses alimentos. Leve-as a perceber os efeitos que os aditivos contidos neles acarretam ao organismo. Faça-as entender a importância de suas escolhas alimentares corretas no dia a dia. Portanto, evite ter essas "guloseimas" em casa. Tenha sempre uma opção saudável para oferecer a seus filhos.

Diante desses desafios, criamos o curso de gastronomia funcional para a saúde da criança. O objetivo principal dele foi começar a introduzir nesses pequenos a ideia da alimentação saudável e funcional.

Desenvolvemos atividades lúdicas, como:

- Apresentação comparativa da quantidade de açúcar contida em um alimento natural em relação ao suco industrializado, ao refrigerante e às bolachas recheadas (montamos o cenário para as crianças visualizarem essa diferença, o que foi bem impactante para elas).

- Visita à horta, onde plantamos mudas e sementes e experimentamos alguns temperos.

- Informação sobre a importância de beber água, lavar as mãos, identificar tipos diferentes de alimentos, suas fontes de vitaminas, minerais e funções.

- Ajuda na preparação e cocção dos alimentos.

- Degustação em um delicioso piquenique.

"Minha mãe cozinhava exatamente: arroz, feijão roxinho, molho de batatinhas. Mas cantava."
Adélia Prado

O assunto desenvolvido no curso poderá ser utilizado por você em casa com seus filhos. Tenha sempre alimentos saudáveis em casa, pois devemos ser um exemplo para as crianças. Envolva-as na preparação dos alimentos, ajude-as a incorporar novos hábitos, faça nossas receitas com elas. A boa saúde das crianças e as horas incríveis na companhia deles, preparando alimentos, não têm preço.
Acredito na educação, no ensinamento e na ideia de que, oferecendo alternativas saudáveis, conseguiremos transformar os hábitos alimentares das crianças. É um trabalho de "formiguinha", mas vale a pena. Sem dúvida, foi o mais prazeroso e divertido de todos os cursos.

Plantamos uma semente e esperamos que os pais, a escola e as próprias crianças não se esqueçam de regá-la.

Muitos perguntarão: e o cálcio? Se não tem leite de vaca nem seus derivados, como suprir o cálcio para as crianças crescerem? Eles realmente são ótimas fontes de cálcio. No entanto, a biodisponibilidade, isto é, nossa capacidade de absorção do cálcio desses alimentos, não é tão grande, pois só absorvemos 30% do cálcio contido nesses alimentos. As crianças que não têm intolerância ou sensibilidade ao leite de vaca podem ingeri-lo com moderação. Mas se não puderem ou não quiserem utilizá-lo, existem outras ótimas fontes de cálcio, como a couve (com uma biodisponibilidade alta — 56% de absorção), o brócolis, o repolho, o espinafre cozido, o tofu, a semente de gergelim e a sardinha, todos muito ricos em cálcio e com boa absorção.

As receitas apresentadas neste módulo oferecem fartas fontes de cálcio e de outros minerais e vitaminas importantes para os ossos e o metabolismo em geral da criança. É sempre bom salientar que, para formar ossos, não precisamos apenas de cálcio, mas também de magnésio, vitamina D, silício, boro, entre outros. Então, invista na variedade e em alimentos frescos e orgânicos.

suco verde com tangerina

2 porções pequenas

INGREDIENTES

- Gelo verde: 1 cubo
- Água de coco: 250ml
- Suco de limão: ½ unidade
- Pepino: 2 rodelas grossas
- Tangerina ou polpa congelada: 1 unidade

FUNCIONAL

Salsinha: rica em vitamina C, cicatrizante (principalmente do estômago) e antifúngica.
Hortelã: estimula a digestão, alivia as náuseas, é anti-inflamatória e descongestionante.
Limão: riquíssimo em vitamina C (aumenta a imunidade). Ajuda a desintoxicar o organismo. Quando ingerido com as principais refeições, ajuda a absorver o ferro dos alimentos, prevenindo a anemia.
Pepino: fonte de vitamina C, A, molibdênio, potássio, manganês, magnésio e fibras. Rico em água, ajuda na hidratação. Auxilia na prevenção de infecções e melhora o funcionamento cerebral.
Tangerina ou mexerica: rica em vitamina C (aumenta a imunidade e previne gripes e resfriados). Contém fósforo, ferro, enxofre, magnésio, potássio, cálcio, fibras e substâncias antioxidantes e anti-inflamatórias.

PREPARO

- Bata todos os ingredientes no liquidificador até que estejam bem processados. Sirva em seguida.

gelo verde

INGREDIENTES

- Couve: 1 maço
- Salsinha: 1 maço
- Hortelã: 1 maço
- Água: suficiente para conseguir bater

PREPARO

- Lave bem todas as folhas e retire o excesso de talos.

- No liquidificador, coloque aos poucos uma porção de couve, uma de salsinha e uma de hortelã. Acrescente um pouquinho de água apenas para que consiga processar. Vá acrescentando mais folhas assim que for batendo. Coloque em formas de gelo e leve ao freezer.

- Quando estiver congelado, retire e coloque dentro de um saco hermético. Mantenha no freezer e vá usando em suas preparações.

Muitas crianças têm resistência com os "verdes" no prato. Os meus filhos, quando pequenos, pediam para retirar do prato cada pedacinho da cor. Nesse caso, os sucos verdes podem ser uma alternativa para garantir a ingestão de folhas verdes, legumes e frutas para seu filho. Muitas folhas e legumes não alteram muito o sabor do suco, oferecendo uma oportunidade de ingerir uma gama maior de vitaminas e minerais importantes para eles. Varie sempre.

macarrão com molho de tomate e minialmôndegas

2 porções

INGREDIENTES

- Macarrão de arroz cru: 200g
- Molho de tomate
- Almôndegas
- Castanha-de-caju ralada (substitui o queijo): 2 unidades

MODO DE PREPARO DA MASSA:

- Cozinhe a massa conforme instruções da embalagem (cada marca de macarrão tem um tempo diferente).

- Depois de cozido, escorra e sirva com o molho de tomates e as almôndegas. Rale a castanha-de-caju por cima e sirva em seguida.

molho de tomate

800ml

INGREDIENTES

- Cebola picada: ½ unidade
- Tempero de alho *(receita na página 50):* 1 colher de chá ou 3 dentes
- Tomate sem semente: 4 unidades médias
- Alho-poró: 1 talo médio
- Couve-flor picada: 1 xícara de chá
- Cenoura: 1 unidade grande
- Beterraba: 1 unidade pequena
- Manjericão: a gosto
- Água: 600ml
- Azeite: 1 colher de sobremesa
- Sal: a gosto
- Açúcar mascavo: 1 colher de café

PREPARO

- Em uma panela, coloque o azeite e leve a cebola para refogar. Acrescente o alho e o alho-poró e refogue mais um pouco.

- Pique os tomates, a beterraba, a cenoura e a couve-flor em pedaços pequenos. Acrescente-os na panela; em seguida, coloque a água e finalize com o açúcar mascavo, o manjericão e o sal. Tampe a panela e deixe cozinhar em fogo baixo por aproximadamente 30 minutos ou até que os ingredientes estejam cozidos. Deixe esfriar um pouco e leve ao liquidificador. Bata bem até que forme um molho liso e espesso; volte para a panela.

minialmôndegas

10 a 15 unidades

INGREDIENTES

- Cebola picada ou ralada: 1 colher de sopa
- Tempero de alho *(receita na página 50):* 1 colher de café ou 1 dente de alho
- Sal: a gosto
- Azeite: 1 colher de sobremesa rasa
- Farelo de aveia: 1 ½ colher de sobremesa
- Farinha de linhaça dourada: 1 colher de sobremesa rasa
- Salsinha e cebolinha: a gosto

PREPARO

- Em uma vasilha, coloque todos os ingredientes e misture-os bem. Não amasse muito.

- Coloque uma porção nas mãos e faças bolinhas pequenas.

- Aqueça o molho de tomate e coloque as bolinhas para cozinhar nele; tampe a panela para não espirrar muito e deixe por aproximadamente 8 minutos em fogo baixo. Elas também podem ser assadas em forno a 200°C por cerca de 10 minutos.

Obs.: se desejar servir as almôndegas separadas do molho, coloque um pouquinho de azeite em uma frigideira e leve-as para grelhar; pingue um pouquinho de água para ajudar no cozimento e evitar que seja preciso utilizar muito azeite.

minifishburguer

10 unidades

INGREDIENTES

- Filé de tilápia: 200g
- Cebola-roxa em cubinhos ou ralada: ½ colher de sopa
- Cebolinha e salsinha: a gosto
- Sal: a gosto
- Azeite: ½ colher de sobremesa
- Raspinhas de limão-siciliano: 1 colher de chá ou mais, se gostar
- Tempero de alho *(receita na página 50)*: ½ colher de café
- Farinha de quinoa: 2 colheres de sopa ou o suficiente para que consiga moldar o fishburguer

PREPARO

- Pique a tilápia em pedaços bem pequenos; acrescente a cebola e o restante dos temperos. Misture bem. Com as mãos, faça primeiro uma bolinha de peixe e, em seguida, achate-a cuidadosamente até obter o formato desejado.

- Aqueça uma frigideira, coloque um fio de azeite e grelhe os fishburguers até que estejam cozidos. Você também pode assá-los em frigideira untada, se preferir.

- Sirva com uma saladinha de alface, tomate e ervilha, formando a cara de um palhaço (tomate = nariz / ervilha = olhos / alface picada = cabelo). Você também pode montar um sanduíche bem leve com o minifishburguer ou mesmo comê-lo com arroz, feijão e verduras.

Essa preparação foi eleita campeã pelo paladar dos pequenos. Todos aprovaram, até mesmo os que diziam que não comiam peixe.
A tilápia, assim como a maioria dos peixes brancos, tem um gosto mais suave, que se adéqua melhor ao paladar deles. Misturamos com a farinha de quinoa, que atenua mais o gosto e aumenta seu teor proteico. O resultado foi um hambúrguer leve e gostoso.

cookie integral de aveia e cacau

Aproximadamente 40 minicookies

INGREDIENTES

- Farinha de arroz integral: ¾ de xícara de chá
- Aveia em flocos finos ou farelo de aveia: 1 xícara de chá bem cheia
- Açúcar mascavo: ½ xícara de chá
- Cacau em pó: ½ xícara de chá
- Ovo: 1 unidade
- Óleo de coco: ½ xícara de chá
- Essência de baunilha ou baunilha fresca: 1 colher de chá (opcional)
- Gergelim: 1 colher de sopa
- Fermento em pó: 1 colher de chá

Depois dessa receita, nada de oferecer bolacha recheada industrializada para seu filho. Essa receita é perfeita para lanches e para levar para a escola.

PREPARO

- Misture o óleo de coco, o ovo e o açúcar mascavo. Acrescente o cacau e a baunilha (se for colocar) e misture bem. Acrescente a aveia, a farinha de arroz, o gergelim e o fermento em pó. Mexa até obter uma mistura homogênea.

- Com o auxílio de uma colher, coloque as porções de massa em um tabuleiro untado com óleo de coco. Você também pode abrir sua massa de cookie entre dois plásticos com a ajuda de um rolo e utilizar cortadores de desenhos diversos. Asse em forno preaquecido a 180°C por aproximadamente 15 a 20 minutos (depende do forno).

Obs.: quando retirar do forno, ele ainda estará um pouco macio, mas depois de um tempo, ficará sequinho. Guarde os biscoitos em potes fechados para manter a crocância. Se desejar, acrescente outras sementes ou castanhas ao seu cookie e deixe-o ainda mais nutritivo.

FUNCIONAL

Aveia: é rica em fibras solúveis, magnésio e vitaminas do complexo B. Auxilia no funcionamento intestinal. Diminui a absorção de gordura e açúcar e reforça o sistema imunológico, combatendo infecções.
Ovo: é uma ótima fonte de proteínas e de gorduras do bem. Rico em colina, que ajuda na memória e funções cerebrais.
Gergelim: é fonte de proteínas, de gordura do bem e de fibras. Tem grande quantidade de cálcio, fósforo e ferro e boa quantidade de vitaminas do complexo B. Fortalece os tendões e os ossos e age como antioxidante nas células.

bolinho verde de arroz integral

Aproximadamente 10 unidades

INGREDIENTES

- Arroz integral cozido: 1 xícara de chá
- Espinafre picado: ½ xícara de chá
- Brócolis picado: ½ xícara de chá
- Cebola picada: 1 colher de sopa
- Tempero de alho *(receita na página 50)*: ½ colher de chá
- Azeite: ½ colher de sobremesa
- Sal: a gosto
- Fermento em pó: 1 pitada

PREPARO

- Coloque o azeite em uma frigideira e leve a cebola e o alho para refogar. Acrescente o brócolis e o espinafre e deixe que cozinhem por 2 minutos. Acerte o sal.

- Leve o refogado ao liquidificador e bata até que forme uma pasta verde. Se necessário, coloque um pouquinho de água, só para ajudar a bater. Acrescente o arroz cozido e bata rapidamente, apenas para dar uma quebrada nos grãos. Retire, coloque em uma vasilha e acrescente a pitada de fermento.

- Misture e molde os bolinhos como preferir. Leve ao forno preaquecido a 220°C por aproximadamente 10 a 15 minutos ou até que estejam dourados.

Esses bolinhos são riquíssimos em nutrientes para os pequenos. É também agradam facilmente. Ótimo acompanhamento de refeição ou lanche para a escola. Também é gostoso comer os bolinhos frios.

FUNCIONAL

Espinafre: rico em cálcio (bom para os ossos) e carotenoides (bons para a visão). É rico em antioxidantes (vitamina C, vitamina E, betacaroteno, manganês, zinco e selênio).
Brócolis: um dos mais potentes alimentos funcionais. Contém indóis, que previne o câncer de mama e de fígado. Rico em clorofila, vitamina C, betacaroteno, ferro, cálcio e magnésio. É um ótimo anti-inflamatório e protetor dos olhos.

minissanduíche natural bicolor

8 unidades

INGREDIENTES

- Pão de forma integral: 6 fatias
- Pasta de beterraba
- Pasta de cenoura
- Frango desfiado (opcional)

PREPARO

- Corte as fatias do pão em triângulos. Em uma fatia, passe um pouco da pasta de beterraba. Coloque outra fatia sobre a fatia com a beterraba e, em seguida, coloque um pouco de patê de cenoura. Se desejar, acrescente um pouco de frango desfiado. Finalize com outra fatia e espete um palitinho para firmar seu sanduíche.

pasta de beterraba

INGREDIENTES

- Tofu: 1 xícara de chá
- Beterraba: ½ unidade pequena cozida (bate mais fácil) ou crua
- Sal: a gosto
- Azeite: 1 colher de sobremesa

PREPARO

- Bata todos os ingredientes no liquidificador até formar uma pasta.

pasta de cenoura

INGREDIENTES

- Tofu: 1 xícara de chá
- Cenoura cozida: 1 unidade pequena
- Sal: a gosto
- Azeite: 1 colher de sobremesa

PREPARO

- Bata todos os ingredientes no liquidificador até formar uma pasta.

FUNCIONAL

Tofu: riquíssimo em cálcio e proteína.
Cenoura: fonte de vitaminas A, K, B6, B1, B3, ácido fólico, potássio, cálcio, manganês, molibdênio, fósforo, magnésio e fibras. Rica em carotenoides, que protegem nossas células, ajudam a reparar os tecidos e fortalecem o sistema imunológico.

Esses patês coloridos são substitutos mais nutritivos e naturais como alternativa ao queijo de vaca e ao peito de peru. Ótima opção de lanche para a escola.

geladinho de frutas vermelhas

Aproximadamente 15 unidades

INGREDIENTES

- Morango: 1 xícara de chá
- Amora: 1 xícara de chá
- Framboesa: 1 xícara de chá
- Água ou água de coco: 1 a 1,5 litro (depende de se gostar mais concentrado ou ralo)
- Embalagens para sacolé

PREPARO

- Coloque todas as frutas com a água no liquidificador e bata até que vire um suco. Com a ajuda de um funil, despeje um pouco desse suco nos saquinhos, dê um nó e leve ao freezer até que endureçam.

- Depois, é só fazer um furinho em uma das pontas e saborear seu geladinho.

Obs. 1: se utilizar água e as frutas estiverem bem azedas, você pode adoçar com um pouco de mel, xarope de agave ou açúcar mascavo.

Obs. 2: você pode variar os sabores do seu geladinho utilizando as frutas de sua preferência.

Geladinho ou chupe-chupe é uma versão funcional e saudável da "laranjinha" da nossa infância, só que sem açúcar nem corante. Excelente para os dias quentes e perfeito para envolver as crianças na preparação.

FUNCIONAL

Frutas vermelhas e roxas (morango, amora, framboesa): muito ricas em antioxidantes, como a vitamina C e o ácido elágico. Aumenta a imunidade das crianças.
Água de coco: rica em potássio e magnésio. Excelente para evitar a fadiga muscular e hidratar.

dips de frutas com calda de alfarroba

INGREDIENTES

- Frutas a gosto: maçã, maçã verde, pera, manga, uva, morango, kiwi, banana
- Calda de alfarroba

PREPARO

- Sirva a calda em um potinho e, ao lado, coloque as frutas picadas e alguns palitinhos para que você espete as frutas e passe-as na calda.

Ver os filhos comendo vários tipos de frutas é o sonho de consumo de muitas mães. Oferecer as frutas picadinhas em forma de desenhos e com dip de chocolate ajuda muito na aceitação das crianças. Essa calda foi feita com alfarroba e cacau puro, portanto, é isenta de lactose e de proteína do leite, ou seja, é apropriada para crianças alérgicas.

calda de alfarroba

INGREDIENTES

- Alfarroba em barra: 50g
- Alfarroba em pó: 1 colher de sobremesa
- Cacau em pó: 1 colher de sobremesa
- Açúcar mascavo: 1 ½ colher de sopa
- Óleo de coco: 1 ½ colher de sopa
- Leite de amêndoa *(receita na página 78)*: 2 xícaras de chá

PREPARO

- Coloque todos os ingredientes em uma panela e leve ao fogo baixo, mexendo até que engrosse. Se desejar uma calda mais rala, deixe menos tempo no fogo.

FUNCIONAL

Alfarroba: é uma espécie de vagem, com sabor bastante similar ao do chocolate. Rica em vitaminas, minerais e proteínas. Ela também oferece uma boa quantidade de fibras ao organismo, auxiliando no combate ao colesterol e na redução de gorduras localizadas. A alfarroba é naturalmente adocicada e tem baixo índice de gorduras.

MÓDULO NOVE

funcional para vegetarianos

vegetarianos

Uma pessoa pode se tornar vegetariana por vários motivos: amor aos animais, respeito ao meio ambiente, religião ou por questões de saúde. Qualquer que seja o motivo, o objetivo é não comer carne animal (vermelha ou branca).

existem tipos diferentes de vegetarianos:

- Ovolactovegetariano: faz o uso de ovos, leite e seus derivados e alimentos de origem vegetal.
- Ovovegetariano: faz o uso de todos os alimentos de origem vegetal e ovos.
- Lactovegetariano: faz o uso de todos os alimentos de origem vegetal, leite e seus derivados.
- Vegetariano estrito: não faz o uso de qualquer alimento derivado de animais: carnes, ovos, leite e seus derivados.
- Vegano: além de vegetariano estrito, não usa roupas, calçados ou qualquer outro produto de origem animal.
- Semivegetariano: faz o uso de carne branca pelo menos em três refeições por semana.

as receitas deste módulo adequam-se aos vegetarianos estritos ou veganos.

A dieta vegetariana, incluindo a vegana, é capaz de suprir as necessidades nutricionais de um indivíduo. Para isso, é importante um bom planejamento e a escolha certa dos alimentos. Acho também essencial para quem opta por esse caminho ter o conhecimento dos alimentos, seus nutrientes e de como funciona uma dieta vegetariana, além de ter acompanhamento de um médico ou nutricionista em algum momento dessa caminhada.

É fundamental para os vegetarianos fazer as escolhas e combinações corretas. Não vale somente retirar a carne animal. Conheço muitos vegetarianos que a retiram da alimentação e capricham nas massas e nos doces, esquecendo-se dos vegetais, dos grãos e das frutas. Com certeza, nesses casos, as deficiências surgirão.

Para os vegetarianos e, principalmente, para os veganos, é importante ter atenção às proteínas, ao ferro, cálcio, zinco, ômega 3 e à vitamina B12. Na verdade, mesmo os não vegetarianos devem cuidar para não ter deficiência ou excesso desses nutrientes.

Neste módulo, tivemos o cuidado de oferecer, de maneira geral, opções ricas e balanceadas para o equilíbrio do vegano, especificamente. É fato que uma alimentação vegetariana alivia os processos digestórios e de detoxificação de nosso organismo. Ela é mais fácil de ser digerida e libera menos metabólitos tóxicos no nosso corpo, ajudando na desintoxicação. Sentimos o corpo mais leve e a mente mais conectada.

Se você é vegetariano, aproveite para variar suas receitas e ajustar o que for necessário. Se não for, experimente! Tente pelo menos uma vez na semana ingerir esta proposta, ou a faça por uma semana, para se desintoxicar. Você gostará do resultado.

chá gelado anti-inflamatório

2 porções

INGREDIENTES

- Água: 500ml
- Abacaxi: 1 fatia fina
- Gengibre: 4 rodelas grossas (espessura de 1 dedo)
- Morangos: 2 unidades
- Maçã com casca: ½ unidade
- Canela em pau: ½ unidade
- Cravo: 3 unidades
- Açafrão: ½ colher de café

PREPARO

- Coloque a água para ferver. Quando começar a levantar fervura, acrescente todos os ingredientes e ferva por 15 minutos. Coe e coloque na geladeira. Sirva bem gelado.

Obs.: varie as frutas sempre que desejar.

FUNCIONAL

Abacaxi: anti-inflamatório, melhora a artrite, previne a formação de ácido úrico.
Gengibre: anti-inflamatório, acelera o metabolismo.
Morango: rico em vitamina C e antioxidantes.
Canela: hipoglicemiante, estimulante.
Cravo: anti-inflamatório, antifúngico, bactericida.
Açafrão: anti-inflamatório, anticancerígeno, melhora o funcionamento do fígado.

Uma dieta rica em carnes, leite e derivados, industrializados e glúten inflama nosso corpo. Portanto, começaremos com um chá gelado anti-inflamatório. O ideal é que as frutas sejam orgânicas.

chips de batata-doce e beterraba

INGREDIENTES

- Batata-doce: 1 unidade média
- Beterraba: 1 unidade grande
- Azeite: 1 colher de sobremesa
- Sal rosa: a gosto

FUNCIONAL

Beterraba: rica em ácido fólico, potássio, ferro e silício. Importante para diminuir a homocisteína (marcador inflamatório e de risco de doenças cardiovasculares).
Sal rosa: não passa por processo de refinamento, portanto, contém menos aditivos. É mais alcalino que o sal de cozinha, ajuda a manter o equilíbrio do pH e, dessa maneira, protege os ossos e melhora nossos processos metabólicos.

PREPARO

- Higienize bem a batata-doce e a beterraba; fatie-as finamente com ou sem casca (certifique-se de que não há terra incrustada).

- Em um tabuleiro antiaderente, coloque as fatias de batata e beterraba; adicione o azeite e um pouco de sal. Misture com as mãos para que o azeite envolva as rodelas e arrume-as lado a lado, sem deixar que se sobreponham.

- Leve ao forno preaquecido a 180°C por aproximadamente 15 a 20 minutos (depende de cada forno) ou até que estejam crocantes. Cuidado com a beterraba, pois assa mais rápido e pode queimar.

- Guarde em potes herméticos, se desejar consumir posteriormente.

- Sirva os chips acompanhados de homus, queijo de castanha, azeite de ervas ou mesmo com as refeições.

É raro pessoas que se lembram de preparar uma opção vegetariana quando recebem em casa. A maioria não sabe o que servir de aperitivo ou de refeição principal. Esses chips são uma excelente opção e agradarão de onívoros a vegetarianos!

bolinho de grão-de-bico com azeite de ervas

Aproximadamente 10 bolinhos

INGREDIENTES

- Grão-de-bico: 200g
- Azeite: 1 colher de sopa
- Cebola em cubinhos: 2 colheres de sopa
- Tempero de alho *(receita na página 50)*: ½ colher de chá
- Cominho: a gosto
- Sal: a gosto
- Salsinha e cebolinha: 1 ½ colher de sopa
- Pimenta-do-reino: a gosto
- Pimenta fresca: 1 colher de chá
- Farinha de arroz integral: ½ xícara de chá
- Flocos de quinoa: 1 xícara de chá

azeite de ervas

INGREDIENTES

- Azeite: ½ xícara de chá
- Ervas (coentro, salsa e tomilho): ½ xícara de chá
- Raspas e suco de limão: 2 colheres de sobremesa
- Raspas de limão: 1 colher de sobremesa
- Sal: a gosto

PREPARO

- Bata as ervas com o azeite em um mixer ou liquidificador. Acrescente as raspas e emulsione com o suco de limão. Acerte o sal e sirva acompanhando os bolinhos.

FUNCIONAL

Grão-de-bico: rico em proteína vegetal, fibras, complexo B e muito magnésio.
Farinha de arroz integral: rica em fibras, vitaminas do complexo B, magnésio, rica em proteína vegetal.
Flocos de quinoa: cereal muito rico em proteína vegetal, complexo B, ferro, magnésio e zinco.

PREPARO

- Deixe o grão-de-bico de molho por uma noite antes do preparo, ou pelo tempo que conseguir. Cozinhe na pressão até que esteja bem macio. Retire a pele e amasse bem.

- Em uma panela, coloque metade do azeite e refogue rapidamente a cebola e o alho. Acrescente esse refogado ao grão-de-bico, coloque o cominho, as ervas, as pimentas, o sal e misture bem. Coloque o restante do azeite e, aos poucos, a farinha até que consiga formar discos. Acerte o sal, molde discos chatos ou bolinhos e passe nos flocos de quinoa.

- Em uma frigideira antiaderente, coloque os bolinhos e grelhe-os dos dois lados, deixando-os levemente dourados, ou leve ao forno preaquecido a 200°C por aproximadamente 10 minutos.

Obs.: não tenha receio de utilizar cominho. Apesar do sabor pronunciado, um toque dele, nessa receita, faz diferença. Tente!

Misturamos várias fontes de proteína vegetal nessa receita. O resultado é uma preparação rica em diversos aminoácidos, prontos para ajudar na imunidade, na saúde dos ossos, do músculo e da pele. Essa receita também pode se tornar um hambúrguer. É só fazer o bolinho maior e achatar na forma de um hambúrguer. Bom demais!

salada de feijão-branco com molho de tahine

2 porções

INGREDIENTES

- Feijão-branco: 2 xícaras de chá
- Água: 10 xícaras de chá ou o suficiente para cozinhar o feijão
- Alho-poró em rodelas: 1 ½ xícara de chá
- Tempero de alho *(receita na página 50)*: 1 colher de chá ou 2 dentes de alho
- Pimentão vermelho e amarelo em cubinhos: 1 xícara de chá
- Uva-passa: 1 xícara de café
- Castanha-de-caju: 2 xícaras de café
- Brotos de trevo ou outros de sua preferência: 1 xícara de chá
- Tahine: 4 colheres de sopa
- Suco de limão: 2 unidades
- Azeite: 2 colheres de sopa
- Salsinha e cebolinha: 3 colheres de sopa
- Sal: a gosto

Ótima opção de jantar: é fácil de fazer, nutritivo e sacia a fome. O feijão-branco deve estar sempre presente na dieta do vegano, por sua composição de nutrientes.

PREPARO

- Deixe o feijão de molho em água por uma noite antes de cozinhá-lo ou por, pelo menos, 3 horas. Elimine a água do molho e leve-o para cozinhar com água, folha de louro, alho e um pouco de sal. Cozinhe-o até que esteja macio. Escorra a água e resfrie-o.

- Para o molho, bata o tahine com o suco de limão e o azeite e finalize com o sal e as ervas. Em uma travessa, misture o feijão cozido, as passas, o pimentão e o alho-poró. Coloque um pouco de molho e misture para envolvê-lo na salada. Finalize com as castanhas e os brotos. Sirva gelada.

Obs.: se preferir, refogue o pimentão, o alho-poró e as passas em um pouco de azeite com alho.

FUNCIONAL

Feijão-branco: rico em proteína vegetal, zinco e cálcio.
Tahine: pasta de gergelim rica em ômega 6, vitamina E, cálcio, magnésio e zinco.
Alho-poró: rico em vitaminas A, B, C, potássio e fibras.
Pimentão: rico em vitaminas C, A, B1, B5 e sais minerais.
Brotos de trevo: rico em silício e flavonoides.
Uva-passa: rica em ferro e vitaminas.

curry vegano de lentilha com legumes, moyashi e chips de algas

2 porções

INGREDIENTES

- Lentilha: ½ xícara de chá
- Azeite: 1 colher de sopa
- Cebola picada: 3 colheres de sopa
- Tempero de alho *(receita na página 50)*: 1 colher de chá
- Curry em pó: 1 colher de chá cheia
- Água: 4 xícaras de chá
- Sal: a gosto
- Inhame, abobrinha e cenoura em cubinhos: 2 xícaras de chá
- Moyashi (broto de feijão): 1 xícara de chá
- Salsinha picada: 1 colher de sopa
- Folhas de alga (nori): 2 unidades
- Gergelim: 2 colheres de sobremesa

Prato de inspiração indiana, aquece o estômago e a alma. Combinação completa de nutrientes para os vegetarianos.

PREPARO

- Deixe a lentilha de molho em água por uma noite ou algumas horas.

- Em uma panela, coloque o azeite e refogue a cebola e o alho; acrescente o curry e a lentilha, refogue rapidamente e coloque a água. Tampe a panela e deixe a lentilha cozinhar por aproximadamente 10 a 15 minutos.

- Quando a lentilha estiver *al dente*, coloque o inhame, a abobrinha e a cenoura. Coloque um pouco de sal e deixe cozinhar até que os legumes estejam *al dente*. Finalize com salsinha e moyashi e deixe no fogo por mais 2 minutos.

- Passe um pouco de azeite na alga e salpique gergelim. Leve ao forno a 200°C até que esteja crocante. Quebre e sirva sobre o curry.

Obs.: essa preparação é como um ensopado mais encorpado, por isso, se precisar de mais água durante o processo, coloque aos poucos!

FUNCIONAL

Lentilha: fonte de proteína, triptofano, vitamina B1, ácido fólico, ferro (boa fonte), cobre, potássio e fibras. Ajuda na redução do colesterol.
Inhame: rico em vitaminas do complexo B e fibras.
Moyashi: broto de feijão rico em cálcio, fósforo e ferro, além de vitaminas C, complexo B e fibras solúveis (interessante para a saúde dos ossos e da pele).
Folhas de alga (nori): fonte de silício, iodo e vitamina B12, favorece a síntese de colágeno e a saciedade.
Gergelim: rico em cálcio, magnésio, ômega 6 e vitamina E.

suflê de tofu com espinafre e brócolis

Aproximadamente 6 unidades pequenas

INGREDIENTES

- Espinafre picado: 2 xícaras de chá
- Brócolis picado: 1 xícara de chá
- Cebola picada: 1 colher de sopa
- Tempero de alho *(receita na página 50)*: ½ colher de chá
- Noz-moscada: a gosto
- Pimenta fresca: a gosto
- Salsinha: 1 colher de sopa
- Azeite: 3 colheres de sopa
- Tofu: 1 xícara de chá
- Leite de amêndoas *(receita na página 78)*: ½ xícara de chá
- Farinha de arroz integral: 1 colher de sopa bem cheia
- Fermento químico em pó: 1 colher de sobremesa rasa
- Levedo de cerveja: ½ colher de sobremesa
- Sal: a gosto

PREPARO

- Em uma frigideira, coloque uma colher de sopa de azeite e leve ao fogo com a cebola e o alho para refogar. Acrescente o espinafre e o brócolis picados e refogue por aproximadamente 4 minutos.

- No liquidificador ou no processador, bata o tofu, o leite de amêndoas, o restante do azeite e a metade do refogado de espinafre e brócolis. Em uma vasilha, misture essa massa que se formou com o restante do refogado, a farinha, a salsinha, a noz-moscada, a pimenta e o levedo de cerveja; acerte o sal e finalize com o fermento. Misture para que todos os ingredientes incorporem bem e coloque em formas untadas com um pouco azeite.

- Leve ao forno preaquecido a 200°C por 10 a 15 minutos.

FUNCIONAL

Espinafre: rico em vitaminas C e A, ácido fólico, magnésio, potássio e cálcio (enquanto cru, tem oxalato, que interfere na absorção do cálcio). Ingira sempre cozido.
Brócolis: rico em clorofila, vitamina C, betacaroteno, ferro, cálcio e magnésio.
Tofu: rico em proteína vegetal, complexo B, cálcio, cobre, ferro, magnésio, fósforo e zinco. Apresenta pouca gordura e carboidrato e baixo sódio.
Leite de amêndoas: tem gordura do bem, que ajuda a prevenir doenças cardiovasculares; ajuda no controle da pressão arterial devido ao potássio. Tem proteína vegetal e fibras que ajudam na saciedade e na saúde dos ossos. Ajuda no controle da glicemia (manganês e vitaminas do complexo B, anticâncer — selênio) e na melhora da função cerebral (vitamina E).
Levedo de cerveja: rico em proteína, cálcio, ferro e complexo B.

moqueca de banana, cogumelos e aspargos frescos

2 porções

INGREDIENTES

- Óleo de coco extravirgem: 2 colheres de chá
- Cebola em cubinhos: 3 colheres de sopa
- Tempero de alho *(receita na página 50)*: 1 colher de chá
- Cúrcuma (açafrão): 1 colher de chá
- Gengibre ralado: ½ colher de sobremesa
- Alho-poró: ½ xícara de chá
- Banana-da-terra madura: 1 unidade
- Cogumelos (shimeji, shitake ou paris): 1 ½ xícara de chá
- Aspargos frescos: ½ xícara de chá
- Leite de coco *(receita na página 82)*: 300ml
- Pimenta fresca: a gosto
- Coentro fresco: a gosto
- Sal: a gosto

PREPARO

- Em uma panela, coloque o óleo de coco e refogue a cebola e o alho. Acrescente a cúrcuma e o gengibre e refogue rapidamente.

- Pique o alho-poró, os aspargos e os cogumelos em fatias finas; corte a banana em rodelas de 0,5cm. Acrescente o alho-poró e a banana ao refogado e coloque o leite de coco; deixe cozinhar em fogo baixo por aproximadamente 3 minutos; em seguida, acrescente os cogumelos e deixe-os por mais 2 minutos. Por último, coloque os aspargos, e tome cuidado ao misturar, para que a banana não desmanche. Deixe por mais 2 minutos no fogo.

- Coloque a pimenta fresca, acerte o sal e finalize com o coentro.

Esse prato é uma explosão de sabores. Delicioso!

FUNCIONAL

Banana: rica em magnésio, triptofano (percursor de serotonina), vitaminas A, B3, ácido fólico e cálcio.
Cogumelos: boa fonte de proteína vegetal, selênio, zinco, magnésio, ferro e cálcio. Teor de sódio baixíssimo.
Aspargos: rico em potássio, vitamina A, ácido fólico. Tem efeito diurético.

gelatina de tangerina, manga e gengibre

2 porções ou 8 quadradinhos, aproximadamente

INGREDIENTES

- Polpa de tangerina: 2 unidades
- Açúcar demerara orgânico: 1 colher de sobremesa
- Manga Palmer: ¼ de unidade
- Ágar-ágar em pó: 1 colher de sobremesa rasa
- Gengibre fresco ralado: a gosto

FUNCIONAL

Ágar-ágar: produto extraído de algas marinhas. Rico em fibras, aminoácidos, cálcio, potássio, zinco e vitaminas do complexo B.

PREPARO

- Leve a polpa de tangerina com o açúcar ao fogo baixo até que o açúcar esteja dissolvido. Acrescente o ágar-ágar e misture bem, para dissolvê-lo também. Deixe que ferva de 3 a 5 minutos.

- Pique a manga em cubinhos e coloque-a no recipiente em que será colocada a gelatina. Acrescente o líquido de tangerina e leve à geladeira. Quando estiver firme, desinforme e sirva com as raspas de gengibre por cima.

Obs.: ao colocar o ágar-ágar na panela, mexa bem e rapidamente para que não formem grumos. Se quiser uma gelatina mais mole (para comer com colher), diminua o ágar-ágar pela metade.

Depois de aprender essa receita, nunca mais use as gelatinas industrializadas, ricas em corantes e adoçantes. Tenha sempre essa gelatina em casa e consuma como lanche ou sobremesa. É ótima para quem está de dieta, pois segura a fome nos momentos cruciais.

bombom de damasco e tâmaras com recheio de avelãs e cacau

6 unidades

INGREDIENTES

- Avelãs inteiras: ½ xícara de chá
- Bagaço de leite de amêndoas ou amêndoas inteiras: 1 xícara de café
- Óleo de coco: 1 ½ colher de sopa
- Melado: 1 colher de sopa
- Cacau em pó: 1 colher de sopa
- Damasco seco inteiro: 3 unidades
- Tâmaras inteiras sem caroço: 3 unidades

PREPARO

- Em um processador ou liquidificador, bata as avelãs com o óleo de coco, o cacau e o melado até que se misturem bem e as avelãs fiquem trituradas.

- Abra os damascos e as tâmaras ao meio e recheie com a massa de avelãs. Leve à geladeira.

Obs.: como recheio, você pode usar o tofu temperado com ervas ou queijo de castanhas, caso prefira servir como um aperitivo.

Essa é uma excelente opção para os vegetarianos mais doceiros: doce, natural e nutritivo. É também uma alternativa de lanche pré-treino para os praticantes de atividade física.

FUNCIONAL

Cacau: rico em bioflavonoides e antioxidantes; vasodilatador e boa fonte de ferro e zinco.
Damasco: rico em fibras, fonte de vitaminas A, B3, B5, K, cobre, ferro, fósforo e magnésio.
Avelã: fonte de proteínas vegetais, minerais e vitaminas C e do complexo B.
Melado: rico em ferro, cálcio e selênio.

tortinha de cacau e avelãs com recheio de maracujá

6 a 8 unidades pequenas

INGREDIENTES

- Avelãs inteiras: 1 xícara de chá
- Bagaço de leite de amêndoas ou amêndoas inteiras: 2 xícaras de café
- Óleo de coco: 3 colheres de sopa
- Melado: 2 colheres de sopa
- Cacau em pó: 2 colheres de sopa
- Maracujá fresco: 1 unidade
- Leite de amêndoas *(receita na página 78)*: 2 xícaras de chá
- Melado ou açúcar demerara: 1 colher de sopa
- Ágar-ágar em pó: 1 colher de chá

FUNCIONAL

Avelã: fonte de proteína vegetal, minerais, vitamina C e vitaminas do complexo B.
Amêndoas: rica em vitaminas E, biotina, vitamina B3, potássio, selênio, magnésio, cálcio e fósforo. Tem gordura do bem, que protege o sistema cardiovascular. Ajuda a formar a densidade óssea.
Melado: rico em magnésio, ferro, cálcio e vitamina B6. Feito da cana-de-açúcar e, portanto, adequado ao vegano.
Maracujá: uma fruta rica em vitamina C e potássio.

PREPARO

- Em um processador ou liquidificador, bata as avelãs com o óleo de coco, o cacau e o melado até que forme uma massa.

- Forre forminhas (de empada ou quiche) com essa massa e leve ao freezer por cerca de 10 minutos, para firmar.

- Em uma panela, coloque o maracujá com o açúcar e o leite de amêndoas e deixe ferver por cerca de 3 minutos. Acrescente o ágar-ágar e misture bem para dissolver. Deixe mais 3 minutos no fogo e leve para o freezer para endurecer. A massa pode ser servida apenas gelada, ou você pode assá-la, o que a deixa mais crocante. Se optar por assá-la, leve ao forno preaquecido a 180°C por aproximadamente 10 minutos ou até que fique crocante.

- Quando o recheio de maracujá estiver firme, retire do congelador e leve para o processador. Bata para que fique liso.

- Recheie as tortinhas com o creme de maracujá e leve-as à geladeira ou freezer se quiser servi-las geladas. Finalize com calda de chocolate *(receita na página 194)*, se desejar.

Obs.: cuidado ao desenformar, pois a massa fica quebradiça!

O ágar ou ágar-ágar é um pozinho extraído de algas que gelatiniza em água quente. Sua vantagem sobre a gelatina usual extraída dos animais é que é natural e mais nutritiva. Pode ser usada para fazer balas, gelatinas, tortas, como essa de maracujá, e para espessar molhos.

suco vivo

2 porções

INGREDIENTES

- Suco de limão: 1 unidade
- Ágar-ágar em pó: 1 colher de chá
- Tofu: 1 pedaço pequeno
- Couve: ½ folha
- Gérmen de trigo: 1 colher de sopa
- Brotos: 1 xícara de café
- Frutas roxas (amora ou açaí): ½ xícara de chá
- Castanhas: 3 unidades
- Semente de chia: 1 colher de sobremesa
- Uva-passa: 5 unidades
- Leite de castanha ou água de coco: 250ml

PREPARO

- Bata todos os ingredientes no liquidificador ou processador. Beba sem coar, de preferência.

Obs.: se desejar, dilua um pouco mais.

FUNCIONAL

Limão: rico em vitamina C e excelente para alcalinizar o sangue.
Ágar: rico em proteína vegetal, zinco, vitamina B12, ômega 3 e ferro.
Tofu: rico em proteína vegetal e cálcio.
Couve: rica em ferro e magnésio.
Gérmen de trigo: rico em complexo B, ferro e zinco.
Brotos: ricos em cálcio, zinco, flavonoides e vitamina C.
Frutas roxas: ricas em ferro e antocianinas.
Castanhas: ricas em zinco, ferro e ômega 3.
Semente de chia: rica em ferro e ômega 3.
Uva-passa: rica em ferro e cálcio.

De tudo um pouco para suprir nutrientes de uma só vez nos dias de correria. Fornece energia, nutre a célula e ajuda o fígado e o intestino a trabalhar melhor.

MÓDULO DEZ

receitas de família na versão funcional

Cozinha é amor, aconchego, quentura, aroma, sabor, diversão e nutrição! Cozinhar em família é compartilhar tudo isso.

Com esse espírito em mente, criamos o curso em que estimulamos os alunos a levar familiares para cozinhar e aprender juntos.

Crianças, adolescentes, adultos (homens e mulheres) e idosos, todos repartindo esse espaço, executando suas funções. Uns picam, outros mexem as panelas, alguns só palpitam, outros comem, mas a magia acontece assim mesmo.

Escolhemos pratos que costumam marcar presença nas reuniões de família ou no dia a dia e os transformamos, fazendo a troca ou a adição de ingredientes mais funcionais. O resultado foi aquele sabor familiar com mais saúde.

"em torno da mesa larga, largavam as tristes dietas, esqueciam seus tricotes, e tudo era farra honesta acabando em confidência."

Carlos Drummond de Andrade

maionese de legumes

3 porções

INGREDIENTES

- Maionese de tofu *(receita na página 88)*: ½ a 1 xícara de chá
- Cenoura em cubinhos: 1 ½ xícara de chá
- Vagem em rodelas: 1 xícara de chá
- Inhame em cubinhos: 1 xícara de chá
- Ervilha (congelada): ½ xícara de chá
- Cebola ralada: 2 colheres de sopa
- Cebolinha e salsinha: a gosto
- Ovo cozido: 3 unidades
- Sal e pimenta-do-reino: a gosto
- Suco de limão e azeite: se desejar, após colocar a maionese de tofu, coloque um pouco mais
- Pimenta-de-cheiro: a gosto

PREPARO

- Cozinhe a cenoura, a vagem e o inhame no vapor. Deixe-os *al dente* e fique atento para o tempo de cozimento de cada um (aproximadamente 10 a 15 minutos).

- Deixe a ervilha descongelar naturalmente (ou, se desejar, coloque-a no vapor rapidamente) e os legumes esfriarem.

- Em uma travessa, misture os legumes com a cebola, a maionese, a cebolinha e a salsinha e acerte o tempero. Se necessário coloque mais maionese e limão. Finalize com os ovos cozidos cortados em rodela ou meia-lua. Leve para a geladeira e sirva acompanhada de folhas verdes.

Essa versão funcional deixa o prato mais proteico por causa do tofu, com menos gordura e com menor índice glicêmico. Engorda menos e dá mais saciedade. Perfeito para o almoço de domingo como acompanhamento de uma carne assada.

FUNCIONAL

Tofu: rico em proteína e pobre em gordura e sódio, o que o torna bem mais interessante do que a maionese comum.

Inhame: rico em betacaroteno, vitamina C, vitaminas do complexo B, ferro e magnésio. É depurativo, impede o acúmulo de toxinas. Tem, ainda, ação anti-inflamatória. Nesse prato, ele substitui a batata-inglesa (que tem alto índice glicêmico), o que torna essa maionese menos inflamatória e menos propensa a alterar a glicemia.

Ervilha: é muito rica em vitaminas do complexo B e em aminoácidos. Contém muitas fibras, o que ajuda no funcionamento do intestino e, ainda, diminui a absorção de gordura.

strogonoff de filé-mignon

3 porções

INGREDIENTES

- Filé em tiras finas ou cubos: 300g
- Azeite ou óleo de girassol: 2 colheres de sobremesa
- Tomate maduro: 3 unidades
- Cebola: 2 colheres de sopa
- Alho: 1 colher de chá
- Tempero de alho *(receita na página 50)*: 1 colher de chá
- Páprica doce ou picante: ½ colher de sobremesa
- Mostarda em grãos (opcional): 1 colher de chá
- Sal: a gosto
- Pimenta: a gosto
- Leite de amêndoas *(receita na página 78)*: 1 xícara de chá
- Cogumelo paris fresco (opcional): a gosto

PREPARO

- Em uma panela, coloque metade do azeite, refogue a cebola, a mostarda em grãos e o tomate picado (com semente e pele) por 8 a 10 minutos. Leve ao liquidificador e bata bem; coe com uma peneira.

- Tempere o filé com alho, sal e pimenta. Aqueça outra panela e, quando estiver bem quente, coloque o restante do azeite e o filé aos poucos, para selar (é importante que não coloque de uma vez, para evitar que a carne solte seu suco e fique com aspecto de carne cozida). Retire e reserve.

- Na mesma panela, acrescente o tomate batido, a páprica e o leite de amêndoas; deixe ferver por cerca de 5 minutos ou até que o molho esteja mais espesso. Coloque o filé e deixe apenas esquentar.

- Se desejar colocar o cogumelo, refogue-o separadamente e sirva com o filé no final.

- Sirva com chips de mandioquinha.

Obs.: se não refogarmos bem o tomate no início, até que perca o sabor de tomate cru, é necessário que o molho, já com o leite de amêndoas, cozinhe por mais tempo. Fique atento à textura do molho; e se desejar mais caldo, lembre-se de adicionar mais leite de amêndoas.

chips de mandioquinha

INGREDIENTES

- Batata-salsa ou mandioquinha: 4 unidades grandes
- Azeite: para untar
- Sal: a gosto
- Páprica: se desejar, salpique um pouco na hora de ir ao forno — dá um toque especial

PREPARO

- Preaqueça o forno de 180°C a 200°C. Coloque as mandioquinhas fatiadas bem finas em um tabuleiro antiaderente untado com um pouco de azeite. Coloque um pouco de sal e leve ao forno por cerca de 10 minutos; após esse tempo, vire-as para que assem por igual, por aproximadamente 10 minutos.

Obs.: tudo depende do seu forno, portanto, fique atento ao tempo e verifique seus chips com frequência. Se precisar, deixe mais tempo, para que fiquem bem crocantes, porém, sem deixar dourarem demais, pois poderão amargar.

Esse prato é um clássico na vida das famílias. Essa versão funcional não leva leite nem creme de leite; substituímos por leite de amêndoas, que é isento de lactose e de proteína de leite de vaca. Todos os condimentos são naturais; nada de ketchup, mostarda ou molho de tomate industrializado. E a famosa batatinha palha foi substituída por chips de mandioquinha assada, que tem menor índice glicêmico. O resultado é um prato mais leve, mais natural e delicioso.

fricassê de frango

1 refratário médio ou 4 porções

INGREDIENTES

- Peito de frango (ou sobrecoxa): 400g
- Azeite: 2 colheres de sobremesa
- Cebola em cubinhos: 1 unidade grande
- Tempero de alho *(receita página 50)*: 2 colheres de chá
- Açafrão-da-terra: 1 colher de café
- Pimenta-vermelha: a gosto
- Pimenta-de-cheiro: a gosto
- Tomate em cubinhos (sem semente): 3 unidades
- Milho verde: 3 espigas
- Ervas (salsinha, cebolinha e tomilho): a gosto
- Couve-flor: ½ unidade
- Noz-moscada: a gosto
- Creme de castanha-de-caju *(receita na página 286)*: 1 xícara de chá

PREPARO

- Corte o frango em pedaços grandes e tempere com metade do alho, o açafrão, o sal e a pimenta a gosto. Aqueça uma panela, coloque metade do azeite e doure metade da cebola; acrescente o frango e deixe que doure aos poucos. Quando estiver bem dourado, acrescente metade do tomate e um pouco de água (suficiente para cobrir levemente o frango) e deixe cozinhar.

- Desfie o frango em pedaços grandes, acrescente um pouco de ervas, o restante do tomate e cozinhe um pouco mais (se sobrar muito caldo, reserve separadamente).

- Retire o milho da espiga, refogue com um pouco de alho e sal, acrescente um pouco de água e deixe cozinhar.

- Coloque o restante do azeite e refogue a outra metade da cebola e do alho. Acrescente a couve-flor em floretes pequenos e coloque água ou caldo de frango para cozinhar.

- Quando estiver bem cozida, bata no liquidificador com um pouco da água do cozimento até conseguir a consistência desejada (o resultado deve ser um creme espesso que faça lembrar o tradicional molho branco). Acrescente um pouco de noz-moscada, o creme de castanha e acerte o sal.

- Em um refratário, coloque uma camada de frango. Em seguida, uma de milho, e cubra com o molho de couve-flor. Leve ao forno preaquecido a 220°C para gratinar.

DICA: faça uma crosta de farinha de mandioca com ervas, alho e um pouco de azeite. Coloque por cima do fricassê para gratinar.
Experimente também fazer uma crosta com castanhas, farinha de quinoa ou crispy de arroz triturado. Use a imaginação!

FUNCIONAL

Açafrão: efeito protetor do fígado, acelera a detoxificação, limpa o organismo, é anticancerígeno e anti-inflamatório.
Couve-flor: brássica rica em enxofre, vitamina C, cálcio, magnésio, acido fólico, sulforano e indol-3-carbinol – todos compostos que ajudam na produção de enzimas que retiram do corpo as toxinas e o excesso de hormônios. Ótima base de substituição do molho branco tradicional (leite de vaca com farinha de trigo).
Milho: boa fonte vegetal de proteínas e ácidos graxos insaturados. Rico em fibras, potássio e vitaminas do complexo B.
Noz-moscada: ajuda na digestão e nas cólicas.

O fricassê também é um prato adorado pelas famílias. O original, rico em leite, catupiry e espessantes, é gorduroso e inflamatório. Substituir tudo isso por um creme de couve-flor (sem lactose nem proteína do leite) bem temperado com especiarias do bem é o "pulo do gato" deste prato. Além disso, a crostinha sem glúten que vem por cima substituindo o queijo gratinado dá o toque final de crocância e saúde.

cassoulet vegetariano

3 porções

INGREDIENTES

- Feijão-branco: 1 xícara de chá
- Cebola em cubinhos: 2 colheres de sopa
- Tempero de alho *(receita na página 50)*: 1 colher de chá
- Azeite: 1 colher de sopa
- Tomate em cubinhos sem semente: 3 unidades maduras
- Páprica picante: ½ colher de chá
- Folha de louro: 1 unidade
- Cenoura em cubinhos: 4 colheres de sopa
- Abobrinha em cubinhos: 4 colheres de sopa
- Tofu defumado: ½ xícara de chá
- Cogumelos frescos: 1 xícara de chá
- Sal: a gosto
- Água: 7 xícaras
- Pimenta: a gosto
- Salsinha e cebolinha: a gosto

PREPARO

- Deixe o feijão-branco de molho em água por no mínimo 4 horas; se possível, por uma noite. Descarte a água.

- Em uma panela, coloque o azeite e doure levemente a cebola; acrescente o alho e o tomate e refogue bem até que os tomates comecem a desmanchar e percam o sabor de cru.

- Coloque o feijão, a folha de louro e a água; deixe cozinhar por aproximadamente 50 minutos ou até que esteja cozido (levemente *al dente*). Acrescente a páprica, a cenoura e a abobrinha e deixe cozinhar por aproximadamente 15 minutos ou até que estejam bem cozidos.

- Por último, coloque o cogumelo e o tofu e acerte o sal e a pimenta; deixe cozinhar por mais 5 minutos. Finalize com salsinha e cebolinha.

Obs.: fique de olho na quantidade de água; se achar que está pouca, coloque aos poucos até que consiga que todos os ingredientes estejam cozidos e ainda tenha um caldo espesso.

Essa feijoada francesa tem linguiça e pato na sua versão original. Nossa versão vegetariana tem muitos vegetais, além do tofu e dos cogumelos como fonte de proteína vegetal.
O tofu defumado dá o toque e o aroma de uma feijoada.
O resultado é surpreendente.
Meu prato favorito!

quinoa doce

3 a 4 porções

INGREDIENTES

- Quinoa pré-cozida: 2 xícaras de chá
- Leite de coco *(receita na página 82)*: 4 xícaras de chá
- Agave: 3 colheres de sopa
- Canela em pau ou pó: a gosto
- Raspas de laranja: a gosto

PREPARO

- Cozinhe a quinoa com o dobro de água por 10 minutos.

- Em uma panela, coloque a quinoa cozida, a canela em pau, o agave e o leite de coco (se gostar de bastante umidade, acrescente mais, conforme sentir necessidade). Mexa por alguns minutos, em fogo baixo, até que o leite engrosse e incorpore à quinoa (aproximadamente 5 minutos).

- Finalize com as raspas de laranja e a canela em pó.

Arroz-doce tem cheiro de casa de avó! Mas algumas versões contêm até leite condensado. Realmente não é aconselhável ingerir com muita frequência. Fiquei muitos anos sem pensar nessa receita ou fazê-la em casa.
Nessa versão funcional, conseguimos um prato com gosto e aroma de arroz-doce, mas com menor índice glicêmico (substituição do arroz pela quinoa) e menos inflamatório (substituímos o leite de vaca e o leite condensado pelo leite de coco, e o açúcar, pelo agave). Dá para matar a vontade sem culpa!
É um prato que pode ser servido de sobremesa, mas melhor ainda é servi-lo como lanche da tarde, antes ou depois de treinos, ou ceia.

FUNCIONAL

Raspas de laranja: têm uma substância que se chama *citrus aurantium*, que atua na circulação e aumenta a atividade lipolítica (quebra de gordura).

manjar de coco com calda de ameixa

1 manjar médio ou 6 pequenos

INGREDIENTES

- Leite de coco *(receita na página 82)*: 400ml
- Coco ralado: 1 xícara de chá ou, se preferir, menos
- Agave: 3 colheres de sopa
- Ágar-ágar: 1 ½ colher de chá

FUNCIONAL

Coco: rico em fibras, ácido láurico e monolauril. Tem uma composição de triglicérides de cadeia média que são facilmente utilizados como combustível. Além disso, ajuda a diminuir substâncias inflamatórias no corpo e age como fungicida e bactericida, aumentando a imunidade.
Ágar-ágar: produto extraído de algas marinhas, rico em fibras, aminoácidos, cálcio, potássio, zinco e vitaminas do complexo B. Substitui a gelatina e ajuda na saciedade.
Ameixa seca: rica em fibras, vitaminas do complexo B e ferro. Ótima para o intestino.
Melado: rico em magnésio, cobre, ferro, cálcio e vitamina B6. Mais rico em nutrientes do que o açúcar e com menos aditivos químicos.

PREPARO

- Coloque o leite de coco, o agave e o coco ralado em uma panela e leve ao fogo. Acrescente o ágar-ágar, misture bem para que não empelote e deixe ferver por 3 minutos.

- Coloque em forminhas de silicone ou, se necessário, unte com óleo de coco outras formas. Leve para a geladeira até resfriar e endurecer.

- Desenforme e sirva com calda de ameixa por cima.

calda de ameixa

INGREDIENTES

- Ameixa seca picada: 1 xícara de chá
- Melado: 1 xícara de chá
- Água: ½ xícara de chá

PREPARO

- Coloque todos os ingredientes em uma panela e leve para ferver em fogo baixo por 5 minutos.

Essa costuma ser uma sobremesa campeã na mesa das famílias. Saúde + sabor = carinho pela família.

petit gateau

6 unidades pequenas

INGREDIENTES

- Chocolate em barra 70% cacau: 45g
- Cacau em pó: 15g ou 2 colheres de sopa rasas
- Ovos: 3 unidades
- Farinha de arroz integral: 30g ou 3 colheres de sopa
- Açúcar demerara: 60g ou 4 colheres de sopa
- Manteiga ghee: 40g ou 2 colheres de sopa
- Óleo de coco: 15g ou 1 colher de sopa sólido

Chocolate é amor!
A versão original é rica em glúten, gordura do mal e açúcar refinado.
Fizemos substituições que deixaram essa amada sobremesa sem glúten, sem lactose e com menos açúcar.
Ficou natural e rica em nutrientes do bem.
Eu quero é chocolate!

PREPARO

- Coloque o chocolate, o cacau e o óleo de coco em uma panela e leve para derreter em banho-maria. Desligue o fogo, acrescente a manteiga e misture. Deixe na panela até que fique morno.

- Em uma vasilha, coloque os ovos e o açúcar e misture bem.

- Acrescente os ovos batidos ao chocolate, misture e acrescente por último a farinha. Incorpore bem e leve para assar em formas individuais untadas com manteiga ou óleo e farinha de arroz.

- Asse em forno preaquecido a 200°C por aproximadamente 8 minutos.

Obs.: fique atento ao tempo de cozimento; cada forno tem uma potência, e o tempo pode ser menor ou maior; depende, ainda, do tamanho da forma que for utilizar. Observe o bolo assar, e quando uma crosta estiver sendo formada e o centro dela ainda estiver mole, pode ser a hora de retirar.

FUNCIONAL

Cacau: rico em flavonoides e antioxidantes, boa fonte de ferro e zinco.
Manteiga ghee: manteiga clarificada, feita a partir do leite de vaca. Passa por um processo de retirada das impurezas e resíduos sólidos, eliminando inclusive traços de lactose e deixando apenas o óleo.
Ovos: fonte de proteína e gorduras monoinsaturadas (protetores cardíacos). Ricos em colina (ajuda na cognição e memória); contêm zeaxantina e luteína (boas para a saúde dos olhos). Ricos em selênio, zinco, fósforo, vitaminas A, E e complexo B.
Farinha de arroz branco: boa substituição para a farinha de trigo, gosto agradável, rica em nutrientes e sem glúten.
Açúcar demerara: mais rico em minerais e vitaminas do que o refinado.

MÓDULO ONZE

plano funcional anticâncer

sabemos que a maioria dos cânceres está relacionada a fatores que podem ser reduzidos ou eliminados.

Basta observar para constatar que esse mal está presente em todas as classes sociais e idades.

Sabemos que a maioria dos cânceres está relacionada a fatores que podem ser reduzidos ou eliminados. Entre eles estão a má alimentação, o sedentarismo, a obesidade, os agrotóxicos, o álcool, as drogas, a radiação, a contaminação por bactérias e vírus, as infecções recorrentes, o tabagismo e o estresse.

O câncer se desenvolve a partir de uma célula não saudável (com alterações no DNA), que adquire capacidade de se multiplicar descontroladamente e invade outros tecidos e órgãos. Nesse sentido, é importante atuar em melhorar a imunidade em relação a essa célula e limitar sua capacidade de se multiplicar. O reforço da imunidade deve ser ainda maior enquanto o processo ainda é vulnerável.

A angiogênese é a irrigação formada para alimentar e desenvolver o câncer. Muitos alimentos limitam a formação dessa vascularização que alimenta a célula cancerígena. Portanto, também podemos atuar nesse processo usando os nutrientes antiangiogênicos.

O câncer apresenta diferentes fases: inicial, promoção e progressão. Diferentes alimentos atuam nessas fases distintas. Além disso, existem alimentos mais adequados e específicos para a prevenção, quimioterapia e recuperação. A prevenção, assim como o aumento da imunidade, é o foco deste módulo.

quando pensamos na prevenção do câncer, primeiramente é necessário prestar muita atenção ao trio: farinha branca, açúcar e leite de vaca (e seus derivados).

A farinha branca e o açúcar fazem subir rapidamente a taxa de glicose no sangue. Nosso corpo libera imediatamente uma dose de insulina para permitir que a glicose penetre nas células. A secreção de insulina é acompanhada da liberação de IGF (*insulin-like growth factor*), o qual estimula o crescimento das células, aumenta a capacidade de um tumor passar para a célula vizinha e tem efeito mutagênico sobre a célula. A glicose que é produzida por esses alimentos nutre e faz os tecidos cancerígenos crescerem rapidamente. Já o leite e seus derivados estimulam a secreção de insulina por outro sistema, causando esses mesmos efeitos no organismo. Estudos recentes associam o consumo de leite de vaca e seus derivados com maior risco de certos tipos de câncer, como de próstata, mama, cólon e bexiga.

Em resumo, uma alimentação protetora contra o câncer deve ter um índice insulinêmico e glicêmico baixo. Ou seja, não deve haver picos de insulina nem de glicose, o que significa diminuir ou eliminar os alimentos que facilitam esse pico (pão branco, arroz branco, batata cozida, macarrão, doces concentrados, leite de vaca e seus derivados). Por outro lado, fibras, gorduras do bem, proteínas de fácil digestão e cereais integrais ajudam a manter a glicose e a insulina estáveis no sangue.

A alimentação funcional oferece, ainda, recursos de prevenção, como os antioxidantes, substâncias contidas em certos alimentos que neutralizam a ação dos radicais livres, os quais oxidam nossas células, sendo um gatilho para os tumores. Além disso, inibem a formação da nitrosamina, substância com grande poder de danificar o DNA. Exemplos de alguns antioxidantes são a vitamina C, o selênio e a vitamina E.

faz parte do plano de proteção a eliminação de processos inflamatórios.

A inflamação neutraliza as células imunológicas, ajudando as células cancerígenas a prosperar. Podemos ajudar o organismo eliminando os alimentos que aumentam a inflamação sistêmica no organismo, como frituras, excesso de óleos vegetais, alimentos com aditivos químicos e alimentos alergênicos (estes dependem da sensibilidade individual. Exemplos mais usuais são o leite de vaca e seus derivados, glúten, soja e carne vermelha). O aumento da ingestão de alimentos que estimulam a imunidade, como frutas, vegetais, cogumelos e aqueles ricos em ômega 3, também é uma ajuda.

Outro fator importante é incluir na dieta uma maior variedade de alimentos alcalinos, o que proporciona uma maior resistência a doenças e, consequentemente, mantém uma boa imunidade, além de melhorar o metabolismo e aumentar a eliminação de toxinas. A ingestão de

carnes, frituras, doces, alimentos refinados, comidas pré-fabricadas, refrigerantes e massas, por exemplo, deixa o sangue muito ácido, aumentando as toxinas do corpo e tornando o terreno propício para o desenvolvimento do câncer. Portanto, é fundamental consumir no dia a dia alimentos mais alcalinos, como grãos germinados, brotos, sal marinho, semente de abóbora, lentilha, brócolis, algas marinhas, inhame, batata-doce, rabanete, lima, framboesa, couve, entre outros.

O estresse também deve ser controlado nesse processo, uma vez que prejudica a atividade protetora, diminuindo a imunidade e o reparo de DNA danificado. Provoca aumento de hormônios, como a adrenalina e o cortisol, os quais, entre outras coisas, diminuem a formação dos glóbulos brancos do sistema de defesa natural. Alimentos como o abacate e o azeite ajudam a modular o cortisol no sangue, amenizando o efeito negativo desse processo.

Enfim, o objetivo é conseguir compor os pratos do dia a dia com nutrientes capazes de desintoxicar o organismo dos carcinogêneos, aumentar a imunidade, bloquear a angiogênese, impedir que a inflamação alimente o tumor, bloquear a invasão do tumor nos tecidos vizinhos e aumentar a chance de morte da célula cancerígena.

é igualmente importante entender que a prevenção passa pelo equilíbrio entre corpo, mente e espírito.

Portanto, mantenha o peso adequado, pratique exercícios físicos e siga um plano alimentar rico em antioxidantes e sem produtos industrializados. Consuma uma dieta mais alcalina e específica para seu organismo. Alimente-se de orgânicos o máximo que puder, respeite os limites do corpo e da mente, beba muita água, durma bem, mantenha sua vibração de pensamentos e emoções elevada e medite.

água flavorizada com lima-da-pérsia

5 porções

INGREDIENTES

- Água filtrada: 1 litro
- Lima-da-pérsia: 1 unidade

PREPARO

- Corte a lima-da-pérsia em rodelas e coloque-as em uma jarra de vidro ou suqueira com a água. Vá tomando aos poucos.

A água alcalina ajuda a eliminar as toxinas do corpo.

FUNCIONAL

Lima-da-pérsia: rica em vitaminas B2, B5 e C. É uma fruta com alto poder alcalinizante. Ajuda eliminar as toxinas do sangue e beneficia o sistema linfático.

mix de folhas com tartar de caju e molho de caqui com umeboshi

1 salada grande

INGREDIENTES

- Folhas variadas (agrião, alface, rúcula, repolho-roxo, radicchio): 2 maços no total
- Cenoura em rodelas finas: 1 unidade
- Rabanete em rodelas finas: 2 unidades
- Caju em cubinhos: 2 xícaras de chá
- Manga Palmer em cubinhos: ½ xícara de chá
- Tomate sem semente em cubinhos: ½ unidade
- Cebola-roxa em cubinhos: 2 colheres de sopa
- Raspas de limão-siciliano: a gosto
- Suco de limão-siciliano: 2 colheres de sopa
- Salsinha: a gosto
- Sal marinho: a gosto
- Caqui: 1 unidade
- Ameixa umeboshi: 2 unidades
- Azeite: 2 colheres de sopa
- Água: suficiente para chegar ao ponto desejado do molho
- Grãos ou sementes germinados: a gosto

PREPARO

- Rasgue as folhas e coloque-as na travessa em que for servir. Coloque as rodelas de cenoura e rabanete e finalize com sementes ou grãos germinados. Coloque o tartar de caju e o molho de caqui em travessas separadas. Se puder, coloque a travessa do tartar no centro das folhas.

tartar de caju

- Misture o caju, a manga, o tomate e a cebola. Tempere com o suco de limão, as raspas, a salsinha, o sal e metade do azeite. Deixe bem gelado.

molho de caqui e ameixa umeboshi

- Bata o caqui com a ameixa no liquidificador. Coloque um pouco de água para ficar mais fino e finalize com azeite. Não é necessário colocar sal, pois a ameixa costuma vir salgada.

Quanto mais cores contiver o prato, maior será a variedade de fitonutrientes que atuam em diferentes níveis de proteção. Essa salada reúne o caqui, a manga, a cenoura, o tomate e o caju, todos ricos em vitamina A e licopeno, que tem capacidade de inibir a progressão de célula cancerosa. Tem o rabanete, que ajuda a diminuir o impacto das toxinas no corpo. O caju e o tomate, ricos em vitamina C, aumentam a imunidade, e, por fim, a ameixa umeboshi, que dá o efeito alcalinizante. Isso que chamo de prato eficiente!

nhoque de forno de batata-doce e inhame com pesto de agrião e manjericão

2 porções

INGREDIENTES

- Batata-doce: 1 unidade média
- Inhame: 4 unidades pequenas
- Gema de ovo: 1 unidade
- Farinha de arroz: ½ xícara de chá
- Noz-moscada ralada: a gosto
- Sal: a gosto
- Agrião: 1 maço
- Manjericão: 1 xícara de chá
- Azeite: ½ xícara de chá
- Suco de limão: 2 colheres de sopa
- Alho em cubinhos: ½ colher de sobremesa
- Castanha-de-baru: 1 xícara de café
- Manteiga ghee: ½ colher de sobremesa

ATENÇÃO

O meio de preparação da manteiga ghee elimina a maior parte da proteína do leite, deixando-a menos inflamatória e mais apropriada para o consumo pelos intolerantes à lactose.

PREPARO

- Descasque a batata e o inhame e cozinhe no vapor até que estejam macios. Ainda quente, passe por uma peneira para evitar pedaços ou amasse com um garfo para que forme um purê. Deixe esfriar.

- Em uma vasilha, coloque o purê, a gema, a noz-moscada e o sal. Vá colocando a farinha para dar o ponto. Enrole e corte nhoques do tamanho que desejar. Coloque em um refratário e leve ao forno a 220°C por cerca de 20 minutos ou até que esteja assado.

- Bata no liquidificador o agrião, o manjericão, o azeite, o suco de limão e metade do alho até que forme um pesto. Acerte o sal e reserve.

- Em uma frigideira, coloque a ghee, refogue o restante do alho e a castanha-de-baru e deixe dourar um pouquinho. Coloque o pesto de agrião e o nhoque e deixe que envolva no molho (se desejar mais fino, coloque um pingo de água para deixar mais ralo). Sirva bem quente.

Obs.: o preparo do nhoque leva pouca farinha, portanto, não se assuste se achar a massa mole; coloque um pouco de farinha de arroz na bancada quando for enrolar e cortar e, ao assar, ele chegará no ponto certo.

FUNCIONAL

Batata-doce: tem baixo índice glicêmico e é rica em vitamina A.
Inhame: tem baixo índice glicêmico, atua na proteção do intestino e é alcalinizante.
Agrião: rico em complexo B, enxofre e vitamina C. Alta potência desintoxicante.
Alho: inibe radicais livres e aumenta a produção de enzimas antioxidantes; reduz o risco de desenvolver cânceres, como o gástrico, o colorretal ou o de mama.
Manteiga ghee: manteiga purificada livre das toxinas observadas na original, ajuda na proteção intestinal.
Castanha-de-baru: rica em proteínas, ômega 9, fibras e minerais, como ferro e zinco. Potente inibidor de radicais livres.
Azeite: rico em gorduras monoinsaturadas, vitamina E e compostos fitoquímicos; tem ação antioxidante e é anti-inflamatório.

A batata-doce e o inhame substituem a batata-inglesa, o que diminui o índice glicêmico do prato. A batata-doce, rica em vitamina A, ajuda em uma multiplicação celular saudável e atua nas fases de promoção e progressão do câncer. O inhame alcaliniza; o alho, o azeite e a castanha-de-baru protegem o organismo dos radicais livres.

hambúrguer de cogumelo com semente de girassol e castanha-de-caju

Aproximadamente 8 unidades pequenas

INGREDIENTES

- Cogumelos frescos picados (shitake, shimeji): 1 bandeja, no total
- Semente de girassol hidratada: ½ xícara de chá
- Castanha-de-caju hidratada (em água por 1 a 2 horas): 1 xícara de chá
- Gel de linhaça: 2 colheres de sopa
- Cereal (aveia, amaranto ou quinoa em flocos/ou trio): 2 colheres de sopa cheias
- Cebola em cubinhos: 1 colher de sopa
- Tempero de alho *(receita na página 50)*: 1 colher de chá
- Pimenta-vermelha em cubinhos: a gosto
- Sal: a gosto
- Ervas (cebolinha e tomilho): a gosto
- Azeite: 1 colher de sopa

PREPARO

- Em uma panela, coloque o azeite e refogue a cebola e o alho por aproximadamente 3 minutos. Acrescente o cogumelo picado e refogue por cerca de 5 minutos. Reserve.

- Escorra a água da castanha e da semente hidratadas e bata-as no liquidificador ou processador com o gel de linhaça até que fiquem bem trituradas. Acrescente o refogado de cogumelos e bata até que fiquem menores, sem deixar virar um purê.

- Coloque em uma vasilha e acrescente as ervas, a pimenta, o cereal e acerte o sal. Molde do tamanho que desejar e passe em algum cereal em flocos para empanar.

- Coloque-os em uma assadeira antiaderente levemente untada e leve ao forno a 200°C por aproximadamente 15 minutos.

- Sirva com abóbora assada.

Esse hambúrguer vegetariano é uma ótima substituição para o original, com carne vermelha, cuja ingestão, quando em excesso, pode contribuir para o câncer colorretal, de mama, próstata e pâncreas.

FUNCIONAL

Cogumelos: estimulam a multiplicação e a atividade das células imunológicas.
Semente de girassol: rica em gordura do bem e magnésio.
Pimenta: rica em vitamina C e A. É antioxidante e anti-inflamatória.

abóbora assada com alecrim e tomilho

3 a 4 porções

INGREDIENTES

- Abóbora japonesa ou cabotiá: ½ unidade
- Azeite: 1 colher de sopa
- Cabeça de alho: 1 unidade
- Alecrim fresco: a gosto
- Tomilho fresco: a gosto
- Sal rosa grosso: a gosto

PREPARO

- Retire as sementes da abóbora e corte-a em cubos médios (não retire a casca). Coloque os cubos em uma assadeira antiaderente, adicione azeite, sal, ervas e o dente de alho com casca. Misture para que os pedaços fiquem envolvidos com azeite e sal. Leve ao forno preaquecido de 180°C a 200°C por aproximadamente 25 minutos ou até que estejam assadas.

FUNCIONAL

Abóbora: faz parte dos alimentos ricos em caroteno, que inibe a proliferação de células cancerígenas.
Ervas: são ricas em óleos essências, os quais contribuem para a morte da célula cancerosa e reduzem sua proliferação.
Alecrim: é um poderoso antioxidante e anti-inflamatório.

sopa de brócolis e couve-flor com gengibre

2 porções

INGREDIENTES

- Azeite: 1 colher de sobremesa
- Cebola em cubinhos: 2 colheres de sopa
- Tempero de alho *(receita na página 50)*: 1 colher de chá
- Brócolis picado: 2 xícaras de chá
- Couve-flor picada: 1 xícara de chá
- Gengibre ralado: a gosto
- Pimenta-vermelha: a gosto
- Sal: a gosto
- Água: 600ml, aproximadamente
- Creme de castanha-de-caju: a gosto

PREPARO

- Em uma panela, coloque o azeite e refogue a cebola e o alho por cerca de 5 minutos. Acrescente o gengibre, o brócolis e a couve-flor e refogue rapidamente.

- Coloque a água e a pimenta e acerte o sal. Tampe e deixe cozinhar por aproximadamente 20 minutos ou até que estejam bem cozidos. Bata com um mixer ou liquidificador, e lembre-se de colocar a água do cozimento aos poucos até atingir a consistência desejada (se desejar uma sopa mais rala, acrescente mais água). Finalize com um fio de creme de castanha-de-caju.

Essa sopa, além de muito saborosa, é uma potente mistura anticâncer. O brócolis e a couve-flor contêm sulforafane, glucosinatos e indo-3-carbinol, que são poderosas moléculas anticâncer; desintoxicam certos cancerígenos, favorecem a morte das células cancerígenas e bloqueiam a angiogênese. O gengibre é anti-inflamatório, antioxidante e antiangiogênico. A castanha-de-caju é rica em fitoquímicos anticancerígenos, além de ser a mais alcalina das castanhas.

creme de castanha-de-caju

INGREDIENTES
- Castanha-de-caju sem sal: 1 xícara de chá
- Água filtrada: 4 xícaras de chá

PREPARO
- Deixe a castanha de molho na metade da água por cerca de 2 horas. Escorra essa água e bata a castanha com o restante no liquidificador até que forme um creme espesso.

Obs.: se desejar mais ralo, coloque um pouco mais de água.

paupiette de tilápia com aspargos, molho de açaí e farofa

2 porções

INGREDIENTES

- Filé de peixe: 2 unidades partidas ao meio
- Missô: ½ colher de sobremesa
- Raspas de limão-siciliano: a gosto
- Tempero de alho *(receita na página 50)*: 1 ½ colher de chá
- Aspargos: 2 unidades
- Polpa de açaí: 200g
- Vinho tinto: ½ xícara de café
- Mel: 1 colher de sopa
- Cebola-roxa em cubinhos: 3 colheres de sopa
- Azeite: 1 colher de sobremesa
- Aveia em grãos ou flocos: 1 xícara de chá
- Lentilha germinada: ½ xícara de chá
- Semente de abóbora germinada: 1 xícara de café
- Ervas (salsinha, tomilho, coentro): a gosto
- Sal: a gosto
- Palito de dente: 8 unidades

FUNCIONAL

Tilápia: fácil digestão, rica em proteínas.
Aspargo: rico em vitaminas A e C e ácido fólico. Protetor celular.
Açaí: muito rico em flavonoides, que têm ação antioxidante que neutralizarão os radicais livres.
Vinho tinto: tem resveratrol, capaz de retardar as três etapas da progressão do câncer.
Cebola-roxa: assim como o alho, tem a capacidade de reduzir os efeitos cancerígenos das nitrosaminas (substâncias cancerígenas).
Missô: é uma pasta de soja fermentada. As isoflavonas da soja bloqueiam a estimulação das células cancerosas pelos hormônios sexuais e também a angiogênese.
Lentilha germinada: fonte de proteína, vitamina B1, ácido fólico, minerais e fibras. Muito antioxidante. Já é alcalina, mas nessa forma germinada, fica ainda mais e conserva melhor seus vários nutrientes.
Semente de abóbora: rica em vitamina E (protetora celular) e altamente alcalinizante.

PREPARO

- Corte os filés de peixe ao meio no sentido do comprimento. Tempere com missô, raspas de limão e ½ colher de chá de alho (ou a gosto). Misture bem e prove o sal, pois o missô já é bem salgado.

- Enrole cada filé formando um círculo e prenda com palitos de dente. Unte uma assadeira com um fio de azeite e coloque os ninhos de peixe. Coloque alguns ramos de tomilho e leve ao forno a 200°C por cerca de 8 a 10 minutos ou até que estejam assados.

- Corte os aspargos no sentido transversal e em fatias finas; refogue-os rapidamente com azeite e uma pitada de sal. Reserve, e quando o peixe estiver pronto, coloque 2 a 3 fatias no centro de cada *paupiette*.

- Sirva o peixe com o molho e a farofa.

para o molho de açaí

Refogue 1 colher de cebola em um pouco de azeite, acrescente as polpas de açaí, o mel, o vinho e leve ao fogo baixo para reduzir e apurar. Coloque uma pitada de sal, coe se não desejar pedacinhos de cebola e reserve.

para a farofa

Em uma frigideira, coloque o azeite e refogue o restante da cebola e do alho. Acrescente a aveia, a semente, a lentilha e refogue um pouco, para que fique mais crocante. Acerte o sal e finalize com ervas frescas picadas.

ATENÇÃO

A soja só deve ser ingerida coagulada (tofu) ou fermentada (missô). Em outras formas, pode ser muito alergênica. Durante a quimioterapia, deve-se evitar a ingestão de qualquer alimento que contenha soja.

Germinar sementes e grãos é simplesmente sair do repouso e entrar em atividade metabólica. Os alimentos germinados são extremamente ricos, do ponto de vista nutricional, e têm uma excelente digestibilidade. Esse processo potencializa os nutrientes contidos nos alimentos (vitaminas, minerais e aminoácidos), além de alcalinizá-los e proteger sua energia vital. São alimentos mais vivos e usados há milhares de anos como parte de um estilo de vida saudável e curador.

wrap de alga com maionese de curry e maçã verde

3 wraps ou 24 "sushis"

INGREDIENTES

- Alga (nori) (ou couve/ou acelga/repolho): 3 folhas
- Maionese de curry: 1 xícara de chá
- Maçã verde em filetes: 1 unidade
- Cenoura ralada ou em filetes: ½ unidade
- Beterraba ralada: ½ unidade
- Abobrinha ralada ou em filetes: ½ unidade
- Semente de gergelim: a gosto

FUNCIONAL

Alga: é ótima para alcalizar e melhorar a eliminação de toxinas.
Curry: é uma potente mistura de especiarias (açafrão, gengibre, pimenta, cominho, cardamomo, cravo e coentro em grãos) que bloqueia a multiplicação das células cancerosas e potencializa a morte destas.

maionese de curry

INGREDIENTES

- Maionese de tofu *(receita na página 88)*: 1 xícara de chá
- Curry em pó: 1 colher de sobremesa ou a gosto
- Açafrão em pó: 1 colher de chá
- Azeite: ½ colher de sobremesa

PREPARO

- Coloque o azeite com o açafrão e o curry e leve ao fogo para aquecê-los e para que liberem mais sabor e cor ao serem misturados. Misture a pasta formada com a maionese de tofu e reserve. Adicione o curry de acordo com seu paladar.

PREPARO

- Coloque a alga com a parte brilhante virada para baixo. Adicione um pouco de maionese de curry e deixe sempre de 1 a 2 dedos na parte de cima sem passar.

- Coloque um pouco de cada um dos ingredientes, até antes da metade da folha e comece a enrolar, lembrando-se de pressionar levemente sempre que enrolar. Corte ao meio ou como sushis e salpique gergelim.

Obs.: a quantidade de recheio interferirá na espessura do seu wrap, por isso, se desejar um wrap maior, coloque mais recheio.

gelado de goiaba, hortelã e biomassa

2 porções

INGREDIENTES

- Goiaba congelada: 3 unidades com casca
- Biomassa de banana-verde: 3 colheres de sopa
- Hortelã: a gosto
- Xarope de agave: 2 colheres de sopa

PREPARO

- Pique as goiabas em pedaços pequenos e congele-as.

- Bata no liquidificador com o restante dos ingredientes até que forme um creme homogêneo.

- Coloque em recipientes e mantenha bem gelado até a hora de servir.

Obs.: você pode fazer um creme para acompanhar, utilizando o de castanha-de-caju *(receita na página 286)* e aromatizá-lo com baunilha fresca e raspas de limão-siciliano. Deixe bem gelado e coloque um fio por cima na hora de servir.

FUNCIONAL

Goiaba: rica em licopeno e vitamina C, dois potentes anticancerígenos.
Biomassa de banana-verde: é uma protetora da mucosa intestinal, induz a morte de célula cancerígena e aumenta a imunidade.

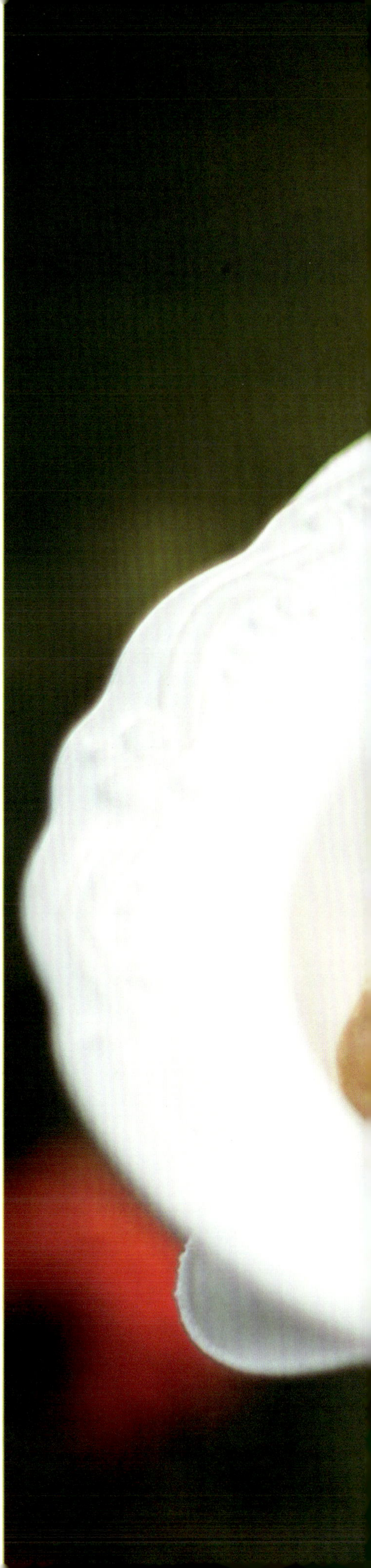

suflê de cacau com frutas vermelhas e matchá

3 porções

INGREDIENTES

- Creme de castanha-de-caju *(receita na página 286)*: 2 xícaras de chá
- Gemas: 2 unidades
- Cacau em pó: 4 colheres de sobremesa
- Farinha de arroz integral: 1 colher de sopa
- Melado: 1 colher de sopa
- Agave: 2 colheres de sopa
- Clara em neve: 3 unidades
- Frutas vermelhas: 2 xícaras de chá
- Mel: 1 colher de sopa
- Matchá: a gosto
- Sal: 1 pitada
- Óleo de coco: quanto baste

PREPARO

- Misture o creme de castanha-de-caju, a farinha de arroz, o cacau e as gemas. Leve ao fogo baixo, mexendo sem parar, para que as gemas não virem "ovos mexidos". Acrescente o melado e o agave e misture. Cozinhe por cerca de 3 minutos e deixe amornar.

- Bata as claras em neve com uma pitada de sal.

- Incorpore as claras delicadamente, fazendo movimentos circulares de fora para dentro. Não podemos mexer muito para, que o ar que criamos não se perca, pois é ele que deixa o suflê aerado.

- Leve as frutas vermelhas ao fogo com o mel até que forme uma calda mais grossa.

- Unte ramequins com óleo de coco e farinha de arroz e coloque um pouco de suflê; em seguida, coloque uma colher de calda de frutas vermelhas e cubra com mais um pouco. Deixe espaço para crescer (aproximadamente de 1 a 2 dedos).

- Leve ao forno preaquecido a 190°C por aproximadamente 20 minutos.

- Retire do forno e polvilhe matchá.

FUNCIONAL

Cacau: muito rico em antioxidantes, proantocianidinas e muitos polifenóis que retardam o crescimento das células cancerosas e limitam a angiogênese.
Matchá: é o chá-verde japonês moído fino. É mais rico em catequinas, como a epigalocatequina-3-galato (EGCG), que reduz o crescimento de novos vasos, necessários ao crescimento dos tumores. É um poderoso antioxidante e desintoxicante.
Frutas vermelhas e roxas: morangos, framboesas, mirtilos, amora e açaí contêm ácido elágico e muitos polifenóis, que estimulam os mecanismos de eliminação dos cancerígenos; inibem a angiogênese e facilitam a morte da célula cancerosa.

Acredito que seja difícil pensar em uma preparação mais gostosa e poderosa em sua ação anticâncer do que essa.

chá anticâncer

1 porção

INGREDIENTES

- Limão: ½ unidade espremida
- Raspas de limão: 1 colher de chá
- Mel: 1 colher de chá
- Açafrão: ½ colher de café
- Gengibre: 1 colher de chá ralado
- Água: 200ml

PREPARO

- Coloque a água para ferver com o gengibre. Quando levantar fervura, acrescente os outros ingredientes e tampe por 5 minutos. Coe, jogue as raspas por cima e sirva.

FUNCIONAL

Limão: é anti-inflamatório e alcalinizante. Suas raspas aumentam a morte de célula cancerígena e a invasão destas nos tecidos vizinhos.
Mel: tem ação anti-inflamatória e age na regeneração dos tecidos.
Açafrão: é o anti-inflamatório mais poderoso que existe e contribui para a morte da célula tumorosa, devido à inibição da angiogênese.

agradecimentos

A José Salibi Neto pelas portas abertas;

A Tania Helena Alvares pela ajuda a ter a força espiritual necessária para desenvolver este projeto.

A Clara Angotti pela ajuda com os textos e pelo fornecimento de ótimas dicas.

A minha querida sobrinha, assistente e gerente digital Rayana Bevilacqua por estar sempre pronta para ajudar.

As minhas funcionárias Oldanita, Anatris e Vanilda por estarem a postos na cozinha para todos os testes.

A equipe da Agência R&B Propaganda pela paciência e eficiência na diagramação do livro.

A Maria Elvira da Anunciação por acrescentar todo um colorido aos lenços e aventais.

A Alice Gussoni por sua arte.

A Ethel Caires pela linda produção de fotos e pela simpatia.

A Ana Beatriz Hosken pela ajuda para regar a sementinha do livro durante anos.

A meus parceiros Ana Vitória Fonseca e Marcel Gussoni por complementarem tão lindamente meu projeto.

A meus irmãos Clarissa e Ricardo Henrique e a minha irmã de coração Paula pelo apoio e carinho.

Meus pais Ricardo e Lucy pela construção de minha base com amor.

A minha avó Lucilia Crosara por toda a inspiração, de vida e de cozinha.

A meus filhos, Tassio e Caio, e a meu marido, Luiz Alexandre, pelo apoio e por todos os testes e degustações a que os submeti. Amo vocês demais!

índice de receitas